프랑스어
국제회의
통역노트

프랑스어 국제회의 통역노트

GUIDE POUR LES INTERPRETES DE CONFERENCES

이유희 지음

이화여자대학교출판문화원

머리말

통역사로 일한 지 30년이라는 시간이 흘렀다. 흔히 30년을 한 세대로 간주하는 사실을 떠올려보면, 어느덧 세대교체를 할 때가 온 것이 아닌가 생각을 하게 된다. 내가 체감하는 시간과는 무관하게 실제로는 그렇게 긴 세월이 흘렀음을 상기시켜주는 일들이 간혹 나를 놀라게 한다.

1988년 서울올림픽 당시 학생 신분으로 통역을 수행했던 일이 엊그제 같은데, 얼마 전 2018년 평창 동계올림픽을 TV로 시청하면서 정확히 30년이 흘렀다는 사실에 새삼 놀라움을 금치 못했다. 또 프랑스 파리 ESIT 유학 당시 졸업을 앞두고 스위스 베른에 출장을 가서 떨리는 마음으로 동시통역 부스에 앉아 있을 때, 옆 부스의 연세 지긋한 현지 통역사가 뜨개질을 하며 여유 있게 통역을 하는 모습을 보고 충격을 받았던 기억이 아직도 생생한데, 2014년 한국-스위스 정상회의 통역을 위하여 다시 베른을 찾았을 때, 20여 년이 훌쩍 지난 사실을 새삼 떠올리며 학생 신분으로 그곳에서 느꼈었던 초심을 아련하게나마 소환해보려 했다. 아마 이 직업의 특성상, 주제, 연사, 장소, 파트너까지 늘 바뀌는 상황에서 항상 긴장을 늦출 수 없어 지루할 틈이 없었던 까닭에 나에게 30년이라는 세월이 상대적으로 짧게 느껴지는 것 같다.

처음 이 직업을 시작했을 때, 어느 국제회의에서 한 참석자가 회의 종료 후 다른 회의에서 사용할 것이라며 통역 수신기를 가져가려고 했다는 웃지 못할 일화가 검증되지 않은 전설로 전해졌었는데, 이제는 정말 기계, 즉 AI가 통역사를 대체할 수 있는 시대가 되었다고 경종을 울리는 일각의 의견도 있는 걸 보면 정말 그 사이 많은 변화가 있긴 있었나 보다. 다음에 기회가 된다면 실제로 기계통역이 통역사를 대체할 수 있을 것인지에 대한 나의 생각은 그때 밝히도록 하겠다.

이 책을 접하는 독자는 상대적으로 가볍고 피상적인 느낌을 받을 수도 있을 것이다. 그렇다면 그건 아마도 이 책이 통역을 처음 배우는 사람들에게 통역 기술을 연마하는 데 도움을 주거나 노하우를 전수해주는 책이 아니기 때문일 것이다. 어떻게 보면 성대한 정찬에서 요리를 빼고 나머지 부분에 대한 안내에 초점을 맞춘 책이라 보면 되겠다. 즉 테이블 세팅, 인사, 좌석 배치나 식순 등에 필요한 표현들을 알려주는 지침서라고 하면 옳은 비유가 될지 모르겠다. 당연히 요리에 해당하는 부분은 회의 내용 통역이 되는 것이고 요리의 수준은 통역사의 기량에 따라 좌우되는 것이다. 하지만 아무리 훌륭한 요리라도 이를 뒷받침해줄 환경이 안 되거나 초라한 그릇에 담아내면 그 요리는 본연의 가치를 발휘하기 힘들 것이다.

가장 큰 비중을 차지하고 있는 1부는 회의 진행 시나리오로, 〈기본 표현〉에서는 대표성 있는 표현 위주로 정리했고, 〈응용 표현〉에서는 기본 표현 내용을 심화, 발전시켜 실제 회의에서 많이 쓰이는 표현들을 소개했다. 2부에서는 "한불지속가능개발위원회 출범회의"라는 가상의 회의를 상정하여 초대장, 회의 프로그램 소개에 이어 몇 개의 연설문을 출발어를 달리하여 한→불 또는 불→한 방향으로 작성해봤다. 회의 주제는 요즘 전 세계적으로 화두가 되고 있는 "지속가능개발"이다. 3부에서는 지속가능개발의 3대 축인 경제, 사회, 환경 분야를 중심으로 용어집을 작성했다. 강조하건대 3부는 사전이 아닌 용어집이다. "지속가능개발"이라고 하는 특정 주제 안에서 경제, 사회, 환경 세 분야로 압축하여, 통역 현장에서 쉽게 접하지만 그 대응어를 찾기 쉽지 않은 용어들을 모았다. 따라서 가나다 순으로 정렬되어 있지도 않고 완전한 목록도 아니며 단어의 뜻 또한 다의어의 경우 "지속가능개발"의 틀 안에서만 해석을 했다. 또 복수의 대응어가 있을 경우 대표적인 1~2개만 수록했다. 결론적으로 경제, 사회, 환경 분야의 통역을 준비하는 통역사가 기본적으로 숙지해야 하는 표현들을 브레인스토밍한 것이라고 생각하면 정확할 것이다.

통역사로서 이 책을 집필하면서 가장 어려웠던 점은 현시성의 결여였다. 즉 독자 또는 청중과 현장을 공유하지 않고 맥락이 없는 상태에서 막연하게 혼자 독백을 하는 느낌이었다. 늘 청중과 시간과 공간을 공유하는 현장이라는 확실한 틀 안에서 작업하는 것에 익숙한 통역사의 입장에서는 쉽지 않은 과정이었다. 막상 완성하고 보니 흡족하지 않은 부분도 있지만 이제 시작이라는 마음으로 조심스럽게 첫 걸음을 떼어본다.

2011년 일본어판을 시작으로 중국어판, 영어판이 이미 출판되어, 밀린 숙제를 하는 마음으로 이렇게 프랑스어판을 추가하면서 드디어 〈국제회의 통역노트〉 시리즈가 완성되는 것 같아 한편으로는 마음의 부담을 덜게 되었다. 이 시리즈의 테이프를 끊어주신, 그리고 참으로 오랜 시간 동안 묵묵히 기다려주신 박혜경 선생님께 미안함과 감사함을 동시에 전한다. 이 작업에 착수했을 때 도움을 준 조교 이효은 씨와 이 책이 완성되기까지 도움을 준 조교 길경선 씨에게 감사의 뜻을 전한다. 앞으로 독자와 후진들이 이 책의 내용을 바탕으로 자신이 통역할 회의에 맞춰 더 우수하고 풍부한 표현을 완성하여 통역 현장에서 요긴하게 활용하기 바란다.

2019년 3월

이유희

차례

2부 진행 사례: 한불지속가능개발위원회 출범회의

3부 "지속가능개발" 용어집

1부
진행 시나리오

1

안내 말씀 드리겠습니다.

Votre attention, s'il vous plaît.

기본 표현

1 여러분께 안내 말씀 드리겠습니다.

Mesdames et messieurs, votre attention s'il vous plaît.

2 잠시만 주목해주시기 바랍니다.

Je vous demande quelques instants d'attention.

3 이제 시작하겠습니다.

C'est l'heure de commencer.

4 곧 회의를 시작하겠습니다.

Nous allons bientôt commencer la conférence.

응용 표현 1

1 잠시 후 개회식이 시작될 예정입니다.

Nous allons commencer la cérémonie d'ouverture dans un instant.

2 여러분께 안내 말씀 드리겠습니다. 잠시 후 회의가 시작될 예정입니다.

Mesdames et messieurs, votre attention s'il vous plaît. Nous allons commencer la conférence dans quelques minutes.

3 회의가 잠시 후 9시 정각에 시작됩니다.

Nous allons commencer la conférence à 9 heures précises.

4 일정이 다소 지연되고 있습니다. 회의를 9시 10분에 시작하겠습니다.

Nous avons pris un peu de retard. La conférence va commencer à 9 heures 10.

5 일정에 차질이 생겼습니다. 잠시만 기다려주시기 바랍니다.

Il y a eu un petit changement. Je vous remercie de votre patience.

6 예상치 못한 회의 장비의 기술적 문제가 발생하여 예정보다 늦게 시작하겠습니다.

À cause de difficultés techniques imprévues, nous avons pris un peu de retard.

응용 표현 2

1 악천후로 늦으시는 분들이 계십니다. 잠시 기다려주시기 바랍니다.

Il y a des participants qui arrivent en retard en raison du mauvais temps. Je vous prie de bien vouloir patienter.

2 교통 체증으로 늦게 도착하시는 참석자 분들이 계십니다.

Nous avons des participants qui vont arriver en retard à cause des embouteillages.

3 길이 막혀서 늦는 분들이 많은 것 같습니다. 잠시만 더 기다려주시기 바랍니다.

Il y a apparemment un certain nombre de participants qui arrivent en retard en raison des embouteillages. Merci de votre patience.

4 회의 시작 시간이 10시입니다만 아직 참가자 여러분께서 도착하고 계셔서 10분 후인 10시 10분에 시작하도록 하겠습니다.

Nous étions censés commencer à 10 heures mais, puisqu'il y a des participants qui sont toujours en train d'arriver, nous allons commencer à 10 heures 10 au lieu de 10 heures.

5 장내 음향 장비 문제가 해결되는 대로 바로 시작하겠습니다. 불편을 끼쳐드려 죄송합니다.

Nous allons commencer une fois réglés les problèmes audio de notre matériel. Je vous prie de nous excuser pour ce désagrément.

TIPS

RSVP란?

초대장에 자주 등장하는 표현인 « RSVP »는 "Répondez, s'il vous plaît."의 약어로 공식 행사 외에 사적 행사나 모임의 경우에도 자주 사용된다. 간단히 말해 행사에 참석할지 여부를 알려달라는 "회신 요망"의 뜻이다. 일반적으로 RSVP를 요청할 때에는 이메일, 문자, 서면 등의 회신 방법과 회신 기한 등의 정보도 함께 제공된다. 외교계에서 RSVP에 대해 회신을 하지 않는 것은 상당한 의전상 결례로 간주될 뿐 아니라 사적 영역의 경우에도 예의에 어긋나므로 반드시 회신을 하는 것이 통상적인 에티켓이다.

단어 및 표현

X차 회의	X^{e} édition
악천후	intempérie, mauvais temps, temps exécrable
자료 배포	distribution de documents
초대장	carte/carton d'invitation
정시에 시작하다	commencer à l'heure
예정보다 늦게 시작하다	commencer en retard
교통 체증	bouchon, embouteillage
마이크를 테스트하다	tester le micro
사전 등록	pré-inscription
현장 등록	inscription sur place
진행 시나리오	déroulé

2

착석해주십시오.

Je vous prie de vous asseoir.

기본 표현

1 자리에 착석해주시기 바랍니다.

Merci de bien vouloir prendre place.

2 여러분, 모두 자리에 착석해주시기 바랍니다.

Mesdames et messieurs, je vous invite tous à vous asseoir.

3 참석자 여러분께서는 자리에서 잠시만 기다려주시기 바랍니다.

Je demanderais à nos participants de bien vouloir rester assis.

응용 표현 1

1 내빈 여러분께서는 자리에 착석해주시기 바랍니다.

Mesdames et messieurs, veuillez bien prendre place.

2 로비에 계신 참석자 여러분께서도 이제 행사장에 입장하시어 착석해주시기 바랍니다.

J'invite à présent les participants qui sont dans le hall à entrer dans la salle et à prendre place.

3 로비에 계신 분들은 9시 30분까지 착석해주시기 바랍니다.

J'invite tous les participants présents dans le hall à être à leur place avant 9 heures 30.

4 앞쪽 자리부터 채워서 앉아주시기 바랍니다.

Je vous invite à vous asseoir aux premiers rangs s'il vous plaît.

5 참석자 여러분께서는 자리에서 잠시 기다려주시기 바랍니다.

Permettez-moi de demander à tous les participants de rester assis.

응용 표현 2

1 잠시 안내 말씀 드리겠습니다. 곧 회의를 시작하오니 참가자 여러분께서는 모두 입장하시어 자리에 착석해주시기 바랍니다.

Mesdames et messieurs, votre attention s'il vous plaît. Nous allons bientôt commencer. Je vous invite tous à vous asseoir.

2 참석자 여러분께서는 모두 회의장에 입장하셔서 자리에 착석해주시기 바랍니다.

Je souhaite inviter tous les participants à entrer dans la salle de conférence et à s'asseoir.

3 앞쪽 열부터 앉아주시기 바랍니다. 협조에 감사드립니다.

Je vous prie de vous asseoir aux premiers rangs. Je vous remercie de votre coopération.

4 참석자 여러분께서는 착석해주시기 바랍니다. 아직 서 계신 분들께서는 앞쪽 빈 자리에 앉아주시기 바랍니다.

J'invite tous les participants à prendre place. Nous avons des places disponibles devant pour nos invités qui sont toujours debout.

5 행사가 곧 시작됩니다. 잠시 좌석에서 기다려주시기 바랍니다.

Nous allons commencer tout de suite. Je vous invite tous à rester assis.

TIPS

주최, 주관, 후원

'주최'와 '주관'이 동일 주체로 조직되는 행사는 « organisé par », '공동 조직'은 « organisé conjointement par »로 표현하면 된다. '주최'와 '주관'을 구분할 경우 « organisé par »는 '조직', '주관'을 나타내고 « sous le patronage de, sous les auspices de » 등으로 '주최'를 표현하면 된다. 문장으로 표현할 경우, « La ville de Séoul accueille le 1er Sommet asiatique sur le développement durable. »나 « Séoul est la ville hôte du Sommet. » 정도로 주최를 나타내기도 한다. 또 행사를 '후원', '지원', '협찬'하는 경우 그 성격에 따라, « sponsorisé par », « parrainé par », « avec le soutien de »와 같은 표현을 쓰면 된다.

단어 및 표현

착석하다	s'asseoir, prendre place
자리로 돌아가 착석하다	regagner son siège
앞쪽 자리	sièges des premiers rangs/des rangs de devant
빈 좌석	sièges/places disponibles
컨벤션센터	centre de congrès
회의장	salle de conférence/de réunion
(원형) 강당	amphithéâtre
전시홀	hall d'exposition
예약석	places réservées
지정석	sièges assignés

3

동시통역이 제공됩니다.

Une interprétation simultanée sera assurée.

기본 표현

1 동시통역으로 진행합니다.

Des services d'interprétation simultanée seront proposés.

2 통역 수신기를 이용해주십시오.

Veuillez vous servir des récepteurs.

3 한국어는 1번, 프랑스어는 2번 채널입니다.

Veuillez sélectionner le canal 1 pour le coréen et le canal 2 pour le français.

응용 표현 1

1 본 회의는 동시통역으로 진행됩니다.

L'interprétation simultanée sera offerte à cette réunion.

2 본 총회는 공식 언어인 프랑스어로 진행됩니다.

Cette assemblée générale va se dérouler en français qui est la langue officielle.

3 테이블 위에 동시통역 수신기를 준비해두었습니다.

Nous avons placé les récepteurs pour le service d'interprétation simultanée sur vos tables.

4 나가실 때 사용하신 통역 수신기는 의자 위에 올려놓아 주시기 바랍니다.

Veuillez laisser vos casques sur la chaise avant de quitter la salle.

5 모든 세션에서 영어, 프랑스어, 한국어 동시통역이 제공됩니다.

L'interprétation simultanée sera assurée en anglais, en français et en coréen à toutes les séances.

6 동시통역이 제공되오니 편하신 언어로 발표하시면 됩니다.

Une interprétation simultanée sera assurée de sorte que les contributions pourront être formulées dans la langue de votre choix.

응용 표현 2

1 통역이 필요하신 분은 수신기를 이용해주시기 바랍니다.

Si vous le souhaitez, vous pouvez vous servir du dispositif d'interprétation simultanée.

2 통역 수신기는 본 회의장 입구에 위치한 안내데스크에서 나눠드리고 있습니다.

Les récepteurs d'interprétation simultanée sont distribués au comptoir d'accueil situé à l'entrée de cette salle.

3 동시통역 채널을 확인해주시기 바랍니다. 한국어는 1번, 영어는 2번, 프랑스어는 3번 채널입니다.

Veuillez vérifier le canal de l'interprétation simultanée. Nous avons le canal 1 pour le coréen, le canal 2 pour l'anglais, le canal 3 pour le français.

4 한국어는 1번, 영어는 2번, 프랑스어는 3번 채널에서 들으실 수 있습니다. 볼륨은 수신기의 다이얼로 조절해주시기 바랍니다.

Sélectionnez le canal 1 pour le coréen, le canal 2 pour l'anglais et le canal 3 pour le français. Le casque est équipé d'un bouton de réglage du volume.

5 회의 종료 후 안내데스크에 통역 수신기를 반납해주시기 바랍니다.

Veuillez rendre votre récepteur à la fin de la conférence au comptoir d'accueil.

TIPS

위스퍼링 통역

회의 통역의 유형으로 가장 대표적인 동시통역이나 순차통역 외에 종종 의뢰받는 유형이 위스퍼링 통역이다. 통역을 듣는 청중이 1~2명일 때, 전체적인 행사의 흐름에 지장을 주지 않기 위해 해당 청중 옆에서 귀에 대고 속삭이듯 조용히 동시통역을 한다고 하여 위스퍼링 통역이라 일컫는다. 동시통역과 마찬가지로 실시간으로 진행되면서도 통역 부스를 설치할 필요가 없어서 주최 측에서는 간혹 선호하는 경우가 있는데, 통역사의 입장에서는 방음이 되는 부스가 없는 상황에서 동료도 없이 홀로 동시통역을 하는 결과가 된다. 같은 회의장 안에 별도의 방음 장치나 음향 시설 없이 계속 작은 목소리로 통역을 진행해야 하므로 정확한 통역을 했음에도 불구하고 각종 소음으로 청중이 정확히 통역을 알아듣기 어려운 상황도 발생한다. 통상적인 동시통역에 비해 청중이나 통역사가 느끼는 만족도나 완성도가 떨어질 수 있으므로 불가피한 상황이 아니라면 권장하지 않는다.

단어 및 표현

순차통역	interprétation consécutive
통역 수신기	casque, récepteur
통역 채널	canal de traduction
동시통역 장비	matériel d'interprétation simultanée
통역 부스	cabine d'interprétation
공식 언어	langue officielle
회의 언어	langue de la conférence
볼륨을 조절하다	régler le volume
X번 채널을 선택하다	choisir/sélectionner le canal X

4

휴대전화는 꺼주시기 바랍니다.

Merci de bien vouloir éteindre vos portables.

기본 표현

1 핸드폰의 전원을 꺼주시기 바랍니다.

Je vous prie d'éteindre vos téléphones mobiles.

2 핸드폰을 무음으로 해주시기 바랍니다.

Veuillez passer votre téléphone cellulaire en mode silencieux.

3 휴대전화는 진동 모드로 전환해주시거나 꺼주시기 바랍니다.

Je vous prie de mettre en mode vibreur ou d'éteindre vos téléphones portables.

4 회의 중 동영상 촬영 및 녹음은 금지되어 있습니다.

Il est interdit de filmer ou d'enregistrer la conférence.

응용 표현 1

1 행사가 진행되는 동안 휴대하고 계신 이동전화 사용을 자제해주시면 감사하겠습니다.

Je vous remercie de ne pas utiliser votre téléphone portable pendant la conférence.

2 본 회의의 사진 촬영, 녹음 및 녹화가 금지되어 있습니다.

Il est interdit de photographier, d'enregistrer ou de filmer la conférence.

3 회의 내용의 녹화는 금지되어 있습니다. 여러분의 양해를 부탁드립니다.

Tout enregistrement vidéo est interdit pendant les séances.
Je vous remercie de votre compréhension.

4 옆에 계신 분께 방해가 될 수 있으니 회의 중 휴대폰의 사용을 자제해주시기 바랍니다.

Pour ne pas déranger vos voisins, il est vivement déconseillé d'utiliser votre téléphone mobile pendant les séances.

5 회의 중 휴대폰은 무음으로 전환해주시기 바라며, 급한 용무가 있으신 분들은 회의장 밖에서 통화해주시기 바랍니다.

Je vous demande de bien vouloir mettre votre téléphone portable en mode silencieux pendant la conférence, et vous prie de bien vouloir sortir de la salle si vous avez besoin de prendre en urgence une communication.

응용 표현 2

1 행사에 집중할 수 있도록 행사가 진행되는 동안 핸드폰이나 태블릿 PC의 사용을 삼가해주시면 감사하겠습니다.

Nous vous remercions de ne pas utiliser votre téléphone portable ou votre tablette pendant la réunion pour être pleinement disponibles.

2 행사의 원활한 진행을 위해 소지하고 계신 핸드폰의 전원을 꺼주시고, 모든 촬영을 삼가해주시기 바랍니다.

Pour assurer le bon déroulement de l'événement, nous vous prions d'éteindre vos portables et de vous abstenir d'utiliser tout appareil d'enregistrement.

3 사전 허가를 받으신 참석자 외에는 녹화 장비의 사용이 금지되어 있습니다. 양해해주시기 바랍니다.

L'emploi de tout appareil d'enregistrement est interdit sauf autorisation préalable. Je vous remercie de votre aimable compréhension.

4 행사의 원활한 진행에 방해가 되지 않도록 소지하고 계신 핸드폰의 전원을 꺼주시기 바랍니다. 또한 세션의 촬영은 금지되어 있습니다. 여러분의 협조를 부탁드립니다.

Pour ne pas perturber le bon déroulement de la cérémonie, veuillez éteindre vos téléphones mobiles. Je vous rappelle qu'il est interdit d'enregistrer la séance. Je vous remercie de votre coopération.

금지를 나타내는 프랑스어 표현

프랑스어로 '금지'를 나타내는 표현은 다양하다. « Interdit de… », « Défense de… » 등의 강경한 표현부터, 좀 더 완곡하고 정중한 « Prière de ne pas… », « Veuillez vous abstenir de… » 등과 같은 표현도 있다. 예를 들어, « Il est strictement interdit de fumer dans l'avion. »은 "기내에서의 흡연은 엄격히 금지되어 있습니다."를 의미하고, « Prière de ne pas stationner »는 "주차 금지"를 나타낸다.

단어 및 표현

휴대전화 전원을 끄다	éteindre son portable
동영상 촬영 기기	appareil d'enregistrement vidéo
사진 및 동영상 촬영 금지	interdiction de photographier et de filmer
무음 모드	mode silencieux
진동 모드	mode vibreur
무음 모드로 전환하다	activer le mode silencieux
이해, 양해	compréhension
협력, 협조	coopération

5

안내데스크를 찾으시기 바랍니다.

Je vous prie de contacter l'accueil.

기본 표현

1 문의사항이 있으시면 안내데스크를 찾으시기 바랍니다.

Pour tout renseignement, veuillez contacter le comptoir d'accueil.

2 도움이 필요하신 분은 직원을 찾으시기 바랍니다.

Si vous avez besoin d'aide ou d'assistance, adressez-vous à notre personnel.

3 회의자료집은 등록데스크에서 배부합니다.

Les kits de conférence sont distribués au comptoir d'inscription.

응용 표현 1

1 등록데스크는 호텔 1층에 위치해 있습니다.

Le comptoir d'enregistrement est situé au rez-de-chaussée de cet hôtel.

2 사무국에 가시면 보도자료 및 회의자료를 받아보실 수 있습니다.

Les dossiers de presse et les documents de la conférence seront disponibles à notre secrétariat.

3 아직 등록하지 않은 분이 있으시면 창구에서 등록을 마친 뒤 자료집을 받아가시기 바랍니다.

Si vous n'êtes pas encore inscrits, veuillez vous inscrire au guichet avant de récupérer la pochette de documents de la conférence.

4 회의 공식 홈페이지에서도 등록이 가능합니다.

Il est également possible de vous inscrire sur le site officiel de la conférence.

5 등록을 마치신 참석자께서는 무료 와이파이를 이용하실 수 있습니다. 암호는 회의장 안에 게시해두었습니다.

Le Wifi est disponible gratuitement pour les participants inscrits. Les codes sont affichés dans la salle.

6 비상출구는 회의장 뒤편에 위치해 있습니다. 비상시 직원들의 지시에 따라주시기 바랍니다.

Les sorties de secours sont situées à l'arrière de la salle de conférence. Veuillez suivre les instructions de notre personnel en cas d'urgence.

응용 표현 2

1 행사가 진행되는 동안 문의사항이 있으신 분들은 호텔 로비에 있는 안내데스크를 찾으시기 바랍니다.

Si vous avez des questions pendant la conférence, veuillez contacter l'accueil situé dans le hall de l'hôtel.

2 전용 모바일 앱을 통해 본 회의와 관련된 유익한 정보를 제공해드리고 있습니다.

Une application dédiée à la conférence vous permet d'avoir accès aux informations utiles pour mieux en profiter.

3 특별히 올해에는 실시간으로 연사들에게 직접 질문하기 기능이 추가되었습니다. 전용 앱은 등록하신 분들께 제공되는 비밀번호를 이용해 접속하실 수 있습니다.

Cette année, grâce à l'application, vous pouvez poser directement vos questions à nos conférenciers en temps réel. L'application de l'événement est protégée par un mot de passe fourni aux personnes inscrites à la conférence.

4 세션이 종료되면 주최 측에서 마련한 기념품을 호텔 로비에 있는 등록데스크에서 받아가시기 바랍니다.

Après la fin de la conférence, veuillez récupérer le petit cadeau que nous avons préparé pour vous au bureau d'inscription situé dans le hall de l'hôtel.

TIPS

프레스 키트

기자단에게 배부되는 보도자료집인 "프레스 키트(pochette de presse)" 안에는 무엇이 들어 있을까? 행사, 주최 측, 청중의 성격이나 국가에 따라 차이가 있겠지만 일반적으로는 회사 소개(fiche d'information), 주요 인사 소개(biographie des personnes-clés), 보도자료(communiqué de presse), 담당자 정보(information sur la personne en charge) 등을 포함한다. 그 외에도 이전에 게재된 기사(articles publiés antérieurement), 비디오 클립(extraits vidéo) 등이 포함될 수 있고, 다양한 판촉물(objets publicitaires)을 제공하는 경우도 있다.

단어 및 표현

안내데스크	comptoir d'accueil
안내센터	bureau/centre d'information
등록데스크	bureau/comptoir d'inscription
등록비	frais d'inscription
사무국	secrétariat
프레스 키트	pochette de presse
회의자료집	pochette de documents de la conférence
비상출구	sortie/issue de secours
비상대피로를 확인하다	identifier les voies d'évacuation
환전소	bureau de change
현금인출기	distributeur de billets
상가	galerie marchande

6

회의를 시작하겠습니다.

Nous allons commencer la conférence.

기본 표현

1 곧 회의를 시작하겠습니다.

Nous allons commencer notre séance dans un instant.

2 이제 회의를 시작하도록 하겠습니다.

Nous allons maintenant commencer la réunion.

3 바로 진행하도록 하겠습니다.

Nous allons commencer immédiatement.

4 기다려주셔서 감사합니다. 곧 시작하겠습니다.

Je vous remercie de votre patience. Nous allons tout de suite commencer.

응용 표현 1

1 예정된 시간에 회의를 시작하겠습니다.

La réunion va démarrer à l'heure prévue.

2 예정된 시간이 되었으므로 회의를 시작하겠습니다.

Puisqu'il est l'heure, nous allons commencer.

3 아직 시간이 안 되었습니다만, 모두 오셨으니 바로 회의를 시작하겠습니다.

Il n'est pas encore l'heure mais puisque tout le monde est là, nous allons tout de suite commencer.

4 이미 행사가 지연되고 있는 관계로, 바로 시작하도록 하겠습니다.

Étant donné que nous sommes déjà en retard, nous allons commencer notre programme sans plus tarder.

응용 표현 2

1 오늘 긴 회의가 예정되어 있으니 바로 시작하겠습니다.

Puisque nous prévoyons aujourd'hui une longue journée de travail, il faut commencer sans plus attendre.

2 시간 관계상 가능한 한 일찍 시작하도록 하겠습니다.

Compte tenu des contraintes de temps, il serait souhaitable de commencer le plus tôt possible.

3 정시에 도착하신 분들을 배려하여 회의는 예정된 시간에 시작하도록 하겠습니다.

La conférence va démarrer à l'heure, par respect pour les participants qui sont arrivés à l'heure.

4 시간이 다 되었습니다만 아직 도착하지 못한 참석자들이 계셔서 모두 도착하시는 대로 시작하겠습니다.

Je sais qu'il est l'heure de commencer mais puisqu'il y a des participants qui ne sont pas encore arrivés, nous allons commencer dès que tout le monde sera arrivé.

5 다뤄야 할 논의 주제가 많은 관계로 일정이 빠듯하게 짜여 있습니다.

C'est un ordre du jour extrêmement chargé qui nous attend avec un grand nombre de sujets à aborder.

6 앞으로 이틀간 많은 연사들을 모시고 바쁜 일정을 소화할 것입니다.

Pendant ces deux jours, nous avons un programme particulièrement chargé avec beaucoup d'orateurs.

TIPS

Visioconférence, téléprésence, webinaire...

통신기술의 발달로 통역계 역시 다양한 변화를 겪고 있다. 원격회의, 화상회의, 컨퍼런스 콜, 웨비나 등 그 표현도 유형도 다양하다. 여기서 일일이 그 차이나 특징에 대해 설명하진 못하지만 가장 주된 차이는 연사, 청중, 통역사, 동시통역 장비업체 등이 과거에는 모두 동일 장소, 동일 시간에 함께 있었다면 이제는 말 그대로 시공을 초월해 각기 다른 장소와 시간에 있을 수 있다는 점이다. 환경에 미치는 영향이나 연사의 이동시간과 경비, 물리적인 공간을 확보하는 데 따른 다양한 애로사항 등을 감안하면 물론 장점도 많지만 통역사의 입장에서는 음향의 문제, 연사와 사전에 만날 수 있는 기회가 원천적으로 사라지는 등 회의를 준비하는 과정이나 사전 점검 사항에도 적잖은 변화가 예고된다. 아직까지 이런 새로운 환경에 대해 확립된 표준이 마련되어 있지 않은 관계로 양질의 통역을 위해서 통역사는 통상적인 회의 준비 외에도 다양한 시나리오를 상정하여 회의 진행에 차질이 없도록 사전에 챙겨야 할 항목들이 점차 늘어나고 있다.

단어 및 표현

다자간 회의	conférence multilatérale
본회의	séance/session plénière
총회	assemblée générale
워크숍	atelier
(분과) 위원회	commission, comité
의제	ordre du jour
회의 주제	thème de la conférence
임시 프로그램	programme provisoire
일정이 빠듯하다	avoir un programme chargé

7

사회를 맡았습니다.

Je suis l'animateur de cette réunion.

기본 표현

1 오늘 저녁 사회를 맡은 임이화입니다.

Je suis Ewha Lim, la présentatrice de votre soirée.

2 개막식 사회를 진행할 임이화입니다.

Je m'appelle Ewha Lim, et suis l'animatrice de la cérémonie d'ouverture.

3 본회의의 사회를 맡게 된 올리비에 뒤부아입니다.

Je suis Olivier Dubois, le modérateur de cette séance plénière.

응용 표현 1

1 안녕하십니까? 저는 오늘 사회를 맡은 임이화입니다.

Bonjour, je suis Ewha Lim, votre animatrice.

2 오늘 회의를 진행할 서울시청의 임이화입니다.

Je suis Ewha Lim de la mairie de Séoul, l'animatrice de votre réunion.

3 오늘 간담회의 진행을 맡게 된 임이화입니다.

Je suis Ewha Lim, modératrice de ce débat.

4 첫 번째 세션의 좌장은 이 교수님께서 기꺼이 맡아주시기로 하셨습니다.

Le professeur Lee a gracieusement accepté de présider la première séance.

5 본 세션의 사회자 뒤부아 씨를 연단으로 모시겠습니다.

J'invite monsieur Dubois, animateur de cette séance, à la tribune.

응용 표현 2

1 이런 뜻깊은 연례 행사의 사회를 맡게 된 것을 영광으로 생각합니다.

C'est un grand honneur pour moi de pouvoir animer cette manifestation annuelle tout à fait significative.

2 총회에 참석해주신 귀빈 여러분을 진심으로 환영하며, 감사의 말씀을 드립니다.

Permettez-moi de souhaiter la bienvenue à nos invités d'honneur et d'exprimer ma gratitude pour leur présence à cette assemblée générale.

3 각국 대표단 여러분을 개회식에 모시게 되어 매우 기쁘고 영광스럽게 생각합니다.

C'est un grand plaisir et un réel privilège d'accueillir les délégations des pays participants à cette cérémonie d'ouverture.

4 중책을 맡으신 진행자 뒤부아 씨에게 마이크를 넘기면서, 여러분 모두 유익한 회의가 되시길 기원합니다.

Avant de laisser la parole à monsieur Dubois, qui va avoir la lourde tâche d'animer cette conférence, je vous souhaite une conférence très fructueuse.

5 그럼 이제 본 세션의 좌장이신 김 교수님께 마이크를 넘기겠습니다. 본격적인 세션 진행에 앞서 본 세션의 주제에 대해 설명해주시겠습니다.

Je vais maintenant passer la parole au professeur Kim, président de cette séance. Avant d'entrer dans le vif du sujet, il va nous exposer le thème de notre session.

TIPS

회의장 배치도
(Plan de la salle de conférence)

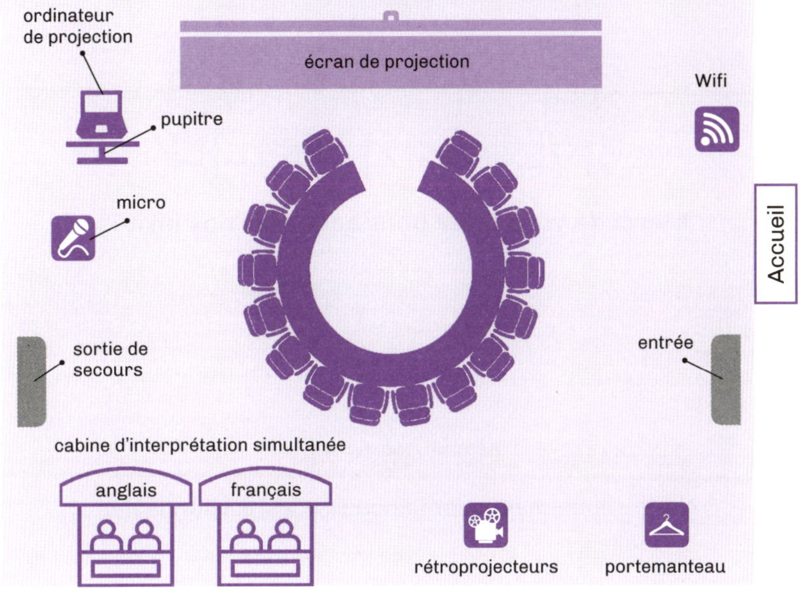

단어 및 표현

사회자	animateur(trice)
진행자(TV 아나운서)	présentateur(trice)
모더레이터	modérateur(trice)
행사 MC	maître(tresse) de cérémonie
좌장, 의장	président(e) de séance
회의를 주재하다	présider une séance
토론을 진행하다	animer un débat
연사를 소개하다	présenter/introduire les conférenciers
이후 행사 일정을 안내하다	annoncer la suite du programme

8

자리에서 일어나 내빈을 맞이해주시기 바랍니다.

Merci de vous lever pour accueillir nos invités.

기본 표현

1 주요 인사들께서 입장하시겠습니다.

Nous allons maintenant accueillir les personnalités officielles.

2 주요 귀빈들의 입장이 있겠습니다.

Nos invités d'honneur vont entrer dans la salle pour nous rejoindre.

3 김 교수님을 연단으로 모시겠습니다.

Permettez-moi d'inviter le professeur Kim sur l'estrade.

응용 표현 1

1 잠시 후 개회식을 위해 장관님을 비롯한 내외 귀빈께서 입장하시겠습니다.

Dans un instant, monsieur le Ministre ainsi que les autorités vont entrer dans cette salle pour la cérémonie d'ouverture.

2 개회식에 앞서 주요 내빈의 입장이 있겠습니다.

Avant de commencer la cérémonie d'ouverture, nous allons accueillir les invités d'honneur.

3 대한민국 국무총리님을 자리에서 일어나 맞이해주시기 바랍니다.

Veuillez vous lever pour accueillir Monsieur le Premier ministre de la République de Corée.

4 여러분 모두 자리에서 일어나 대사님을 맞이하여 주시기 바랍니다.

Merci de vous lever pour accueillir Son Excellence monsieur l'ambassadeur.

5 ABC 협회의 라포레 회장님을 단상으로 모시겠습니다.

Je souhaite inviter madame Laforêt, la présidente de l'association ABC à monter à la tribune.

6 장관님께서는 다른 공무로 이만 퇴장하시겠습니다.

Madame la Ministre doit nous laisser en raison d'autres engagements officiels.

응용 표현 2

1 잠시 후 내외 귀빈께서 입장하시면 개회식을 시작하겠습니다.

Dès que les autorités et personnalités officielles arriveront, nous commencerons la cérémonie d'ouverture.

2 여러분, 힘찬 박수로 오늘의 귀빈들을 맞이하여 주시기 바랍니다.

Veuillez applaudir bien fort pour souhaiter une chaleureuse bienvenue à nos invités d'honneur.

3 주요 인사들께서 입장하실 때 모두 일어나셔서 큰 박수로 맞이하여 주시기 바랍니다.

Je vous prie de vous lever pour applaudir chaleureusement l'entrée des autorités de cette cérémonie.

4 여러분, 모두 일어나셔서 대한민국 국무총리님을 맞이하여 주시기 바랍니다.

Mesdames et messieurs, je vous invite à vous lever pour accueillir le Premier ministre de la République de Corée.

5 바쁘신 와중에도 참석해주신 뒤베르 사의 사장님을 큰 박수로 환영해주시기 바랍니다.

Veuillez applaudir chaleureusement madame la PDG de Duvert qui nous honore de sa présence malgré son emploi du temps chargé.

TIPS

한국의 행정부처

기획재정부	ministère de la Stratégie et des Finances
교육부	ministère de l'Éducation
과학기술정보통신부	ministère des Sciences et des TIC
외교부	ministère des Affaires étrangères
통일부	ministère de l'Unification
법무부	ministère de la Justice
국방부	ministère de la Défense nationale
행정안전부	ministère de l'Administration publique et de la Sécurité
문화체육관광부	ministère de la Culture, des Sports et du Tourisme
농림축산식품부	ministère de l'Agriculture, de l'Alimentation et des Affaires rurales
산업통상자원부	ministère du Commerce, de l'Industrie et de l'Énergie
보건복지부	ministère de la Santé et des Affaires sociales
환경부	ministère de l'Environnement
고용노동부	ministère de l'Emploi et du Travail
여성가족부	ministère de l'Égalité hommes-femmes et de la Famille
국토교통부	ministère du Territoire, des Infrastructures et des Transports
해양수산부	ministère des Affaires maritimes et de la Pêche
중소벤처기업부	ministère des PME et des Start-up

2019. 3. 기준

단어 및 표현

의전	protocole
의전 서열	(ordre de) préséance
내빈, 귀빈	invités d'honneur
차질, 사정	contretemps, empêchement

9

개회식을 시작하겠습니다.

Nous allons commencer la cérémonie d'ouverture.

기본 표현

1 곧 개회식을 시작하겠습니다.

Nous allons tout de suite commencer la cérémonie d'ouverture.

2 총회 개회를 선언합니다.

Je déclare ouverte l'assemblée générale.

3 이제 의장님께서 총회를 개회하겠습니다.

À présent, le président va ouvrir la séance.

응용 표현 1

1 잠시 후 개회식을 시작하겠습니다.

La cérémonie d'ouverture va commencer d'ici quelques instants.

2 이제 심포지엄의 개회를 선언합니다.

J'ai l'honneur de déclarer l'ouverture de ce symposium.

3 기업의 사회적 책임에 대한 국제회의의 개회를 선언합니다.

Je déclare ouverte la conférence internationale sur les responsabilités sociétales des entreprises.

4 이제 한불지속가능개발위원회가 조직하고 주한프랑스대사관이 후원하는 심포지엄을 시작하겠습니다.

Nous allons maintenant commencer le symposium, organisé par le comité franco-coréen du développement durable et parrainé par l'ambassade de France en Corée.

응용 표현 2

1 참석자 및 동반자께서는 개막식이 진행될 그랜드 볼룸으로 이동해주시기 바랍니다.

Tous les participants et les accompagnants sont invités à se rendre à la cérémonie d'ouverture qui va se dérouler au *grand ballroom* de l'hôtel.

2 개막식에는 명찰을 패용하셔야 입장이 가능합니다.

La cérémonie d'ouverture est réservée aux participants porteurs d'un badge.

3 지금부터 공정무역을 주제로 A와 B가 공동으로 주관하는 국제 심포지엄 개막식을 거행하겠습니다.

Nous allons maintenant commencer la cérémonie d'ouverture du symposium international sur le commerce équitable, co-organisé par A et B.

4 시작하기에 앞서, 지난달 발생한 테러 사건의 희생자들을 기리기 위하여 잠시 묵념하겠습니다.

Avant de commencer, nous allons observer une minute de silence en mémoire des victimes de l'attentat du mois dernier.

단어 및 표현

공식 행사	cérémonie officielle
주최국, 개최국	pays hôte
개회사	discours d'ouverture
환영사	discours de bienvenue
기조 연설	discours liminaire
공식 연설	allocution officielle, message officiel
대표단장	chef de délégation
연설을 하다	prononcer un discours
개회를 선언하다	déclarer la conférence ouverte
경의를 표하다	rendre hommage

TIPS

올림픽 개막식 식순

행사 식순을 올림픽 개막식을 예로 들어 살펴보면 다음과 같다.

- L'entrée du chef d'État du pays hôte
  (개최국 국가원수 입장)
- L'interprétation de l'hymne national du pays hôte
  (개최국 국가 연주)
- Le défilé des participants
  (선수단 입장)
- Les discours officiels
  (공식 연설)
- L'ouverture des Jeux par le chef d'État du pays hôte
  (개최국 국가원수의 개회 선언)
- L'interprétation de l'hymne olympique, avec l'entrée et le lever du drapeau olympique
  (올림픽기 입장 및 게양과 함께 올림픽찬가 연주)
- La prestation du serment olympique par un athlète
  (선수 대표의 올림픽 선서)
- La prestation du serment olympique par un arbitre
  (심판 대표의 올림픽 선서)
- La prestation du serment olympique par un entraîneur
  (코치 대표의 올림픽 선서)
- La dernière étape du relais de la flamme olympique et l'allumage de la vasque olympique
  (최종 성화 봉송 및 점화)
- Le programme artistique
  (개막식 공연)

10

참석자를 소개합니다.

Permettez-moi de vous présenter les invités.

기본 표현

1 제 소개를 하겠습니다.

Permettez-moi de me présenter.

2 대표단을 소개합니다.

Permettez-moi de vous présenter les délégations.

3 본 세션의 좌장을 소개합니다.

Je vous présente le président de cette séance.

4 알파벳 순서로 연사 분들을 소개해드리겠습니다.

Je vais présenter les orateurs par ordre alphabétique.

응용 표현 1

1 개막식에 참석해주신 내외 귀빈 소개를 하도록 하겠습니다.

Permettez-moi de vous présenter les invités d'honneur à cette cérémonie d'ouverture.

2 바쁘신 중에도 본 행사에 특별히 참석해주신 라포레 씨를 모시겠습니다.

Merci d'accueillir madame Laforêt qui a accepté d'être parmi nous aujourd'hui malgré son emploi du temps très chargé.

3 시작하기 앞서 부득이 이 회의에 참석하지 못한 두 분의 사과 말씀을 전해드리겠습니다.

Avant de commencer, je vous transmets le message de deux de nos participants qui regrettent de ne pas pouvoir participer à cette conférence.

4 각 대표자 분들께 간단한 본인 소개를 요청드리겠습니다. 호명하면 잠시 일어서서 본인 소개를 해주시기 바랍니다.

Je vais demander à chaque représentant de se présenter très brièvement. Veuillez vous lever pour vous présenter à l'appel de votre nom.

5 제 오른편에 앉아 계신 참석자부터 소개해드리도록 하겠습니다.

Je vais vous présenter les invités en commençant par ma droite.

응용 표현 2

1 대표단을 소개하겠습니다. 이번 회의에는 30개국에서 100명의 대표가 참석했습니다.

Je vais présenter les délégations. Cent délégués venus de trente pays sont présents à cette conférence.

2 안타깝게도 사무총장님께서는 해외 출장으로 오늘 이 자리에 함께하지 못하셨습니다.

Le secrétaire général n'a malheureusement pas pu être des nôtres aujourd'hui, en raison d'un voyage d'affaires à l'étranger.

3 본 회의장의 좌석은 회원국의 프랑스어 국가명 알파벳 순으로 배열되어 있습니다.

Dans la salle de réunion, les sièges des pays membres sont attribués selon l'ordre alphabétique du nom de leur pays en français.

4 참석자들께서는 안전을 위하여 행사 기간 중 항시 명찰을 패용해주시기 바랍니다.

Pour des raisons de sécurité, tous les participants sont priés de porter leur badge tout au long de l'événement.

5 성함이 표기된 명찰을 패용하셔야 본 회의의 모든 공식 세션 및 행사에 입장하실 수 있습니다.

Un badge nominatif sera exigé pour accéder à toutes les sessions officielles de la conférence ainsi qu'aux événements.

TIPS

Badge nominatif

사전 등록을 요하는 회의의 경우는 대부분 명찰을 패용하도록 요청받는다. « Le port du badge par tous est obligatoire dans l'enceinte du congrès. »는 회의장 내에서는 항상 명찰을 패용해달라는 뜻이다. 보안을 위해서뿐만 아니라 참석자 간의 네트워킹을 용이하게 해주기 때문이다.

단어 및 표현

발표자, 연사	intervenant(e), orateur(trice)
강연자, 강사	conférencier(ère)
청중	auditoire
회원/준회원	membre/membre associé
비회원	non-membre
기록관	rapporteur(euse)
토론자	discutant(e), panéliste
옵서버	observateur(trice)
언론사, 기자	membre de la presse
자원봉사자	bénévole

11

환영합니다.

Soyez les bienvenus.

기본 표현

1 여러분을 환영합니다.

Je vous souhaite la bienvenue.

2 여러분을 환영하게 되어 기쁩니다.

C'est un plaisir pour moi de vous souhaiter la bienvenue.

3 개회식에 참석해주셔서 감사합니다.

Je vous remercie de votre participation à cette cérémonie d'ouverture.

4 오늘 이 자리에 함께해주셔서 감사합니다.

Permettez-moi d'exprimer ma gratitude pour votre présence.

응용 표현 1

1 바쁘신 가운데도 시간을 내주셔서 감사합니다.

Je vous remercie d'avoir pris ce temps sur votre calendrier chargé.

2 여러분, 안녕하십니까? 본 회의에 오신 것을 환영합니다.

Mesdames et messieurs, bonjour. Je vous souhaite la bienvenue à cette conférence.

3 총회에 참석하신 여러분을 환영하게 되어 큰 영광입니다.

C'est un grand honneur de vous accueillir à cette assemblée générale.

4 이 회의에 참석해주신 모든 분들께 진심으로 감사드립니다.

Nous vous remercions sincèrement de votre présence à cette conférence.

5 공식 개막식에 오신 여러분을 진심으로 환영합니다.

Je vous souhaite une cordiale bienvenue à cette cérémonie officielle d'ouverture.

6 바쁜 일정 속에서도 오늘 이사회에 참석해주신 여러분께 감사의 말씀을 드립니다.

Nous tenons à vous remercier d'être parmi nous à ce conseil d'administration malgré votre emploi du temps serré.

응용 표현 2

1 악천후에도 불구하고 참석해주신 여러분께 감사의 말씀 드립니다.

Je souhaiterais vous remercier tous de votre participation malgré un temps exécrable.

2 바쁘신 와중에도 회의에 참석해주신 모든 분들께 감사드립니다.

Merci d'avoir pris le temps de nous rejoindre en dépit de votre emploi du temps très chargé.

3 특히 해외에서 오신 참석자 여러분께 진심으로 감사의 말씀을 드립니다.

Mes remerciements s'adressent particulièrement aux participants qui sont venus de l'étranger.

4 우선 이 자리에 함께하시기 위해 먼 거리를 오신 분들께 특별한 감사를 표합니다.

Je tiens tout d'abord à remercier les participants qui ont fait un long voyage pour nous rejoindre.

5 전 세계에서 참석하신 여러분께 감사를 드리며, 환영의 말씀 전합니다.

Permettez-moi d'exprimer ma gratitude et de souhaiter une cordiale bienvenue à tous nos participants, venus des quatre coins du monde.

TIPS

주요 인용 속담

연설문에서 자주 등장하는 속담이나 금언(proverbe, dicton, adage)의 몇 가지 예를 살펴보기로 하자.

- 친구와 와인은 오래될수록 좋다.
  Un bon ami est comme le vin. Le plus vieux, le meilleur.
- 금강산도 식후경.
  Ventre affamé n'a point d'oreilles.
- 시작이 반.
  Commencer, c'est déjà la moitié du travail fait.
- 빨리 가려면 혼자 가고, 멀리 가려면 함께 가라.
  Tout seul, on va plus vite. Ensemble, on va plus loin.
- 기쁨을 나누면 배가 되고 슬픔을 나누면 반이 된다.
  L'amitié double les joies et réduit de moitié les peines.
- 백문이 불여일견.
  Une image vaut mille mots.

단어 및 표현

초대에 응하다/거절하다	accepter/décliner une invitation
환영하다	souhaiter la bienvenue
따뜻한 환대	accueil chaleureux/généreux, hospitalité
멀리서 오다	faire le déplacement/un long voyage
바쁘신 일정에도	malgré un emploi du temps chargé
공식 환영 행사	cérémonie officielle de bienvenue
연례 회의	conférence annuelle

12

영광으로 생각합니다.

C'est un grand honneur pour moi.

기본 표현

1 큰 영광으로 생각합니다.

Tout l'honneur est pour moi.

2 개회사를 하게 되어 기쁘게 생각합니다.

C'est un grand plaisir pour moi de prononcer cette allocution d'ouverture.

3 이번 개회식에 참석할 수 있게 되어 기쁘고 영광스럽게 생각합니다.

C'est un immense plaisir et un réel honneur d'être parmi vous à cette cérémonie d'ouverture.

응용 표현 1

1 이번 회의가 아름다운 서울에서 열리게 된 것을 진심으로 축하합니다.

Je vous félicite de la tenue de cette conférence dans cette magnifique ville de Séoul.

2 오늘 이 회의에서 여러분께 인사드릴 수 있게 되어 영광스럽게 생각합니다.

C'est un grand honneur pour moi aujourd'hui de m'adresser à vous à l'occasion de cette conférence.

3 오늘 12주년을 맞이한 본 회의에 참석하게 되어 기쁘게 생각합니다.

Je me réjouis de pouvoir participer à cette conférence qui fête aujourd'hui ses 12 ans.

4 이런 역사적인 행사에 참여하게 되어 영광으로 생각합니다.

C'est un privilège pour moi de participer à cet événement historique.

5 이번 회의를 준비하기 위해 애쓰신 조직위원회의 노고에 감사드립니다.

Je tiens à remercier le comité organisateur qui n'a pas ménagé ses efforts pour préparer cette conférence.

6 아시아에서 처음으로 개최되는 이 총회에서 여러분을 만나게 되어 영광입니다.

Je suis honoré de vous rencontrer dans le cadre de ce congrès qui se tient en Asie pour la première fois.

응용 표현 2

1 오늘 이 자리에서 여러분을 맞이하게 되어 매우 기쁘게 생각합니다.

C'est avec un grand plaisir que nous vous accueillons ici aujourd'hui.

2 본 창립회의에서 인사를 드리게 되어 영광으로 생각합니다.

C'est un grand honneur pour moi de prendre la parole devant vous à cette conférence inaugurale.

3 지속가능개발과 경제 발전이라는 주제로 개최되는 이 회의에서 발표를 하게 되어 영광스럽게 생각합니다.

C'est un privilège pour moi de faire une présentation à cette réunion qui a pour thème le développement durable et la croissance économique.

4 본 기구의 10주년을 기념하기 위한 이 행사에 함께하게 되어 더없이 기쁘게 생각합니다.

Je voudrais vous dire combien je suis heureux d'être parmi vous pour fêter le 10e anniversaire de cette organisation.

5 이번 회의에서 "2018 서울선언문"을 채택하기로 한 것은 큰 의미가 있다고 생각합니다. 이번 회의를 조직해주신 주최 측과 회원 여러분께 감사드립니다.

L'adoption de « la déclaration de Séoul 2018 » à l'issue de cette conférence revêt une signification tout à fait particulière. Je remercie les organisateurs et les membres de notre association d'avoir organisé cette conférence.

TIPS

"영광입니다.", "기쁩니다."

회의 석상에서 영광이나 기쁨을 나타낼 때 아래와 같이 다양한 표현을 사용할 수 있다.

- C'est un immense honneur et un véritable plaisir pour moi de…
- C'est pour moi un grand privilège et un grand honneur de…
- C'est à moi que revient l'honneur de…

수식어인 « grand », « immense », « véritable » 등을 상황이나 격식에 따라 적절하게 사용하면 된다.

단어 및 표현

…을 맞이하여	à l'occasion de…
X주년을 맞이하다	marquer le Xe anniversaire
기념하다	célébrer, commémorer
훌륭한 청중	auditoire distingué
기쁘게 생각하다	se réjouir de
영광	privilège, honneur
감사	gratitude, reconnaissance
자리를 빛내다	honorer de sa présence

13

성공을 기원합니다.

Je vous souhaite beaucoup de succès.

기본 표현

1 성공적인 회의가 되기를 기원합니다.

Je vous souhaite une conférence réussie.

2 건설적인 회의가 되기를 기원합니다.

Je vous souhaite une réunion constructive.

3 유익한 논의가 이루어지길 바랍니다.

Je vous souhaite de fructueux débats.

4 행운을 빕니다.

Je vous souhaite bonne chance.

응용 표현 1

1 건설적이고 생산적인 회의가 되기를 기원합니다.

Je vous souhaite une conférence constructive et productive.

2 본 회의가 큰 성공을 거두기를 기원합니다.

Je souhaite que cette conférence soit couronnée de succès.

3 이번 심포지엄이 풍성한 결실을 맺기를 기원합니다.

J'espère sincèrement que ce symposium pourra porter ses fruits.

4 이번 회의가 환경 보호를 위한 성공적인 논의의 장이 되기를 기대합니다.

J'espère que la réunion d'aujourd'hui servira de forum de discussion pour la protection de l'environnement.

5 성공적인 회의가 되길 바라며, 경청해주셔서 감사합니다.

En souhaitant beaucoup de succès à vos travaux, je vous remercie de votre aimable attention.

6 서울에서 머무시는 동안 유쾌하고 보람된 시간 보내시길 기원합니다.

Nous vous souhaitons un agréable et fructueux séjour à Séoul.

응용 표현 2

1 공유경제 발전을 위한 활발한 토론을 기대하겠습니다.

Je vous souhaite une discussion stimulante pour le développement de l'économie collaborative.

2 오늘 회의가 양국 대표들께 상호 협력을 강화하는 계기가 되길 바랍니다.

Je souhaite vivement que les délégations des deux pays puissent renforcer leur coopération mutuelle à travers cette réunion.

3 오늘 있을 발표와 토론이 양국 협력과 우호 증진에 크게 기여하기를 바랍니다.

Je forme le vœu que les présentations et les discussions d'aujourd'hui puissent contribuer à l'intensification de la coopération et des relations d'amitié entre les deux pays.

4 이 회의가 우리 업계의 발전에 기여하는 유익한 자리가 되기를 바라겠습니다.

J'espère que cette réunion sera fructueuse et contribuera au développement du secteur.

5 이 만남이 앞으로 지속될 우리의 유익한 협력 관계의 출발점이 되기를 희망합니다.

J'espère que cette rencontre marquera le début d'une longue et fructueuse collaboration.

TIPS

“행운을 빕니다.”, “건승을 기원합니다.”

회의 석상에서 자주 등장하는 “행운을 빕니다.”, “건승을 기원합니다.”는 다음과 같은 표현으로 상황에 따라 적절히 선택하여 사용하면 된다.

- Je vous souhaite un grand succès.
- Je vous souhaite beaucoup de succès.
- Je vous souhaite beaucoup de réussites.
- Je vous souhaite bonne continuation.
- Je vous souhaite bon courage.

단어 및 표현

성공	réussite, succès
행운	chance
유익한	fructueux(euse)
건설적인	constructif(ive)
생산적인	productif(ive)
풍부한	enrichissant(e)
시의적절한	propice, opportun(e)
호혜적	mutuellement bénéfique
특별한 자리	occasion exceptionnelle

14

시상식을 시작하겠습니다.

Nous allons commencer la cérémonie de remise des prix.

기본 표현

1 잠시 후 시상식을 거행하겠습니다.

La cérémonie de remise des prix va commencer dans quelques minutes.

2 올해 수상자는 라포레 씨입니다.

Cette année le prix est décerné à madame Laforêt.

3 뒤부아 씨에게 감사패를 전달하겠습니다.

Une plaque d'appréciation sera remise à monsieur Dubois.

응용 표현 1

1 노벨지속가능개발상 수상자는 플로라 라포레 씨입니다.

Le prix Nobel du développement dudrable sera remis à madame Flora Laforêt.

2 올해 심사위원은 이 분야의 다섯 명의 전문가께서 맡아주셨습니다.

Cette année le jury est composé de cinq professionnels du domaine.

3 올해 지속가능개발상의 영예로운 트로피는 뒤베르 사가 수상하겠습니다.

Ce trophée prestigieux du prix du développement durable revient cette année à la société Duvert.

4 먼저, 혁신중소기업상을 시상하겠습니다.

Nous allons d'abord décerner ce prix à des PME innovantes.

5 감사패의 수상자이신 박 교수님께서는 아쉽게도 이 자리에 함께하시지 못했습니다.

La professeure Park n'est malheureusement pas présente pour recevoir sa plaque.

6 의장님께서 수상자들께 메달을 수여하시겠습니다.

Le président va remettre les médailles aux récipiendaires.

응용 표현 2

1 부문별 수상자를 선정하였습니다.

Nous avons désigné les gagnants dans chaque catégorie.

2 이 상은 창의적인 중소기업의 성과를 치하하기 위한 상입니다.

Ces prix permettent de mettre en lumière les PME créatives.

3 이 영예로운 상은 지속가능개발 분야에서 기술 혁신을 이룬 공로를 기리는 상입니다.

Ce prestigieux prix récompense une innovation technologique dans le domaine du développement durable.

4 이 상의 수상자에 대한 메달 수여식은 폐회식 때 진행하겠습니다.

Le récipiendaire de cette reconnaissance recevra une médaille qui lui sera remise lors de la cérémonie de clôture.

5 한불지속가능개발위원회는 수고를 아끼지 않은 자원봉사자들에게 공로상을 수여하겠습니다.

Le comité franco-coréen du développement durable remet des prix honorifiques aux bénévoles qui se distinguent par leur engagement.

6 대상 수상자에게는 심사위원장께서 5천 유로의 상금을 전달하겠습니다.

Le lauréat du grand prix remis par le président du jury sera récompensé d'une somme de cinq mille euros.

TIPS

레지옹 도뇌르 훈장

나폴레옹 1세가 1802년 제정한 레지옹 도뇌르(Ordre national de la Légion d'honneur)는 프랑스의 가장 명예로운 훈장으로 정치·경제·문화 등의 발전에 공적이 있는 사람에게 수여한다. 훈장 수훈자는 각종 국가적 행사에서 특별한 예우를 받는다. 이 훈장은 아래와 같이 5가지 등급으로 나뉜다.

- 1등급: 레지옹 도뇌르 그랑크루아(Légion d'honneur Grand-Croix)
- 2등급: 레지옹 도뇌르 그랑도시피에(Légion d'honneur Grand Officier)
- 3등급: 레지옹 도뇌르 코망되르(Légion d'honneur Commandeur)
- 4등급: 레지옹 도뇌르 오피시에(Légion d'honneur Officier)
- 5등급: 레지옹 도뇌르 슈발리에(Légion d'honneur Chevalier)

우리나라에도 기업인, 정치인, 예술인 등 다양한 분야의 수훈자가 있다.

단어 및 표현

시상식	cérémonie de remise des prix
메달 수여식	cérémonie de remise des médailles
감사패	plaque de remerciement/d'appréciation
트로피	trophée
훈장	décoration
수상자	récipiendaire
노벨상 수상자	lauréat(e) du prix Nobel
…에게 공을 돌리다	dédier sa récompense à...

15

개회식을 마치겠습니다.

Nous allons clôturer la cérémonie d'ouverture.

기본 표현

1 이것으로 개회식을 마치겠습니다.

La cérémonie d'ouverture est terminée.

2 이상으로 개회식을 공식적으로 마치겠습니다.

La cérémonie d'ouverture est officiellement terminée.

3 개회식을 마치기 전에 단체 기념사진 촬영이 있겠습니다.

Avant de clore cette cérémonie d'ouverture,
nous allons faire une photo de groupe.

응용 표현 1

1 개회식을 마치기에 앞서, 마지막 연사를 모시도록 하겠습니다.

Avant de clore cette cérémonie d'ouverture, nous en arrivons à notre dernier intervenant.

2 이것으로 개회식을 모두 마치도록 하겠습니다. 참석해주신 여러분께 거듭 감사의 말씀 드립니다.

C'est ainsi que se termine la cérémonie d'ouverture, et encore une fois je vous remercie de votre présence.

3 개회식에 이어 곧바로 본회의를 시작하겠습니다.

Après cette cérémonie d'ouverture, nous allons tout de suite commencer la séance plénière.

4 곧이어 휴식 없이 주제별 워크숍을 진행하겠습니다.

Nous allons commencer les sessions thématiques en atelier tout de suite sans faire de pause.

5 곧이어 본 행사의 초청 연사이신 대사님을 모시고 본격적으로 회의를 시작하겠습니다.

Sans plus tarder, nous allons commencer notre conférence avec l'invité d'honneur de cet événement, Son Excellence monsieur l'ambassadeur.

응용 표현 2

1 장내가 정리되는 대로 토론을 시작하겠습니다.

Dès que nous aurons préparé la scène, nous allons commencer les discussions.

2 본 세션의 연사들께서는 무대 위에 마련된 의자에 착석해주시기 바랍니다.

Les intervenants de cette session sont priés de s'installer sur les fauteuils préparés sur la scène.

3 곧 첫 세션을 시작할 예정이오니, 대표 여러분께서는 지정된 자리에 착석해주시기 바랍니다.

Nous allons commencer la première session d'ici très peu, les délégués sont invités à s'asseoir à leur place réservée.

4 첫 번째 세션이 곧 시작될 예정이므로, 이제 본 세션의 좌장 및 연사들께서는 연단 위로 올라와주시기 바랍니다.

Comme la première séance va commencer dans un instant, j'invite à présent le président et les intervenants de cette séance à monter sur le podium.

5 개회식을 마치기 전 단체 기념사진 촬영이 있을 예정이오니, 참석자 여러분께서는 무대 위로 올라와주시기 바랍니다.

Avant de clôturer la cérémonie d'ouverture, j'invite nos participants à monter sur la scène pour notre séance de photos.

TIPS

회의 종류

- **Conférence:** 특정 주제에 대한 전문가의 발표와 토론으로 구성되며, 일반적으로 하루나 이틀에 걸쳐 진행되고 반드시 정기적인 성격을 갖지는 않는다.
- **Convention:** 규모가 가장 큰 회의로, 본회의와 분과회의, 때로는 전시회 및 다양한 부대행사를 아우르며 정기적으로 개최되는 정기 집회의 성격이 있다.
- **Congrès:** 각 국가나 단체의 대표로 구성된 특정 집단의 정기 총회 성격을 지니고 있으며, 보통 학술적이고 전문적인 내용을 다룬다.
- **Forum:** 다양한 견해를 지닌 패널리스트들이 청중 앞에서 진행하는 공개토론회의 성격을 지닌다.
- **Symposium:** 토론의 주제가 전문적이거나 학술적인 경우가 많다. 공통의 관심사를 주제로 선정하여 진행하거나 아니면 마지막 심포지엄이 개최된 이후 최신 연구 성과나 결과 등에 대해서 지식을 공유한다.
- **Séminaire:** 가장 흔한 회의 유형으로, 소규모 청중을 대상으로 하며, 제품이나 기술을 소개하는 교육적 목적이 강하다.
- **Table ronde:** 모든 참석자들이 동등한 위치에서 특정 주제나 사안에 대하여 활발하게 의견을 교환하는 회의 형태이다.
- **Atelier:** 참석자들의 활발한 참여가 필수적인 교육적 성격의 소규모 회의이다.

단어 및 표현

단상, 연단	podium, estrade
개회식/폐회식	cérémonie d'ouverture/de clôture
리본 커팅(식)	(cérémonie de) coupe du ruban
단체사진을 촬영하다	prendre une photo de groupe
장내를 정리하다	aménager la salle
재개하다	reprendre

16

회의 일정을 안내해드리겠습니다.

Permettez-moi de vous présenter le programme.

기본 표현

1 회의 일정에 대해서 말씀드리겠습니다.

Laissez-moi vous expliquer notre programme de travail.

2 회의 일정을 간단히 말씀드리겠습니다.

Permettez-moi de vous présenter brièvement notre agenda.

3 이제 회의 진행 순서에 대해 간단히 말씀드리겠습니다.

Maintenant, quelques mots sur le déroulement de la réunion.

응용 표현 1

1 회의 진행과 관련하여 안내 말씀 드리겠습니다.

Permettez-moi de vous donner quelques informations concernant le déroulement de la conférence.

2 올해 콘퍼런스의 주제는 지속가능개발입니다.

Le thème de la conférence, cette année, est le développement durable.

3 이제부터 지구 온난화를 주제로 제1세션을 시작하겠습니다.

Nous allons maintenant commencer la première séance sur le réchauffement climatique.

4 발표는 12분에서 15분 정도로 제한해주시고 이어 5분 동안 질문을 받도록 하겠습니다.

Vous disposez de 12 à 15 minutes pour présenter votre communication, suivies de 5 minutes de questions.

5 여러분, 첫 번째 연사이신 라포레 씨께서 공유경제에 대해 발표해주시겠습니다.

Mesdames et messieurs, la première oratrice est madame Laforêt qui va nous parler de l'économie du partage.

응용 표현 2

1 이번 콘퍼런스에서는 탈탄소경제에 대한 충분한 논의가 있겠습니다. 먼저 주제 영상을 보시겠습니다.

Cette conférence va permettre des débats nourris sur l'économie décarbonée. D'abord, il y aura une projection vidéo.

2 영상 잘 감상하셨기를 바랍니다. 이번 콘퍼런스를 통해 주제에 대한 뜻깊은 논의가 있기를 기대합니다.

J'espère que la présentation vidéo vous a plu. Je vous souhaite une discussion enrichissante sur le sujet.

3 2015년에 설립된 이 연례 한불회의는 지구의 미래에 대한 논의를 하기 위하여 양국의 지속가능개발 분야 전문가들이 모이는 자리입니다.

Cette conférence annuelle franco-coréenne, créée en 2015, rassemble les spécialistes des deux pays en matière de développement durable pour débattre de l'avenir de la planète.

4 본 회의의 주제별 발표를 해주실 연사로 업계와 정부 측에서 각각 한 분씩 모셨습니다. 두 분의 발표가 끝난 후에 그룹 토의를 갖겠습니다.

Chaque thème de notre conférence est présenté par un orateur du monde de l'entreprise et par un orateur représentant l'autorité publique. Leurs exposés seront suivis de discussions de groupe.

5 각 발표자께서는 발표 시간을 20분 이내로 지켜주시기 바라며, 질의응답 시간은 이번 세션의 모든 발표가 끝난 후에 갖도록 하겠습니다.

Chaque intervenant dispose de 20 minutes pour présenter sa communication. Et il y aura une séance de questions-réponses à la fin de toutes les communications.

TIPS

Ordre du jour

회의에서 다루게 될 안건, 즉 회의에서 합의하거나 해결해야 할 과제를 의미한다. 임시 의제(ordre du jour provisoire)는 본회의의 승인을 거쳐 채택된다.
일례로 가상의 이사회 의제를 살펴보기로 하자.

1. Accueil/présence (안내 및 출석 확인)
2. Adoption de l'ordre du jour (의제 채택)
3. Approbation du procès-verbal de la dernière réunion (이전 회의 의사록 승인)
4. Rapport du secrétaire général (사무총장 보고)
5. Rapport du trésorier (재무담당 보고)
6. Approbation des comptes (회계 승인)
7. Élection (선출)
8. Développement des activités de l'association (협회 활동 발전방안)
9. Divers (기타 안건)
10. Prochaine réunion (차기 회의)
11. Ajournement (정회)

단어 및 표현

어젠다, 회의 의제	agenda, ordre du jour
주제	thème, sujet
일정, 프로그램	programme
…에 대해 간략히 말하다	parler brièvement/succinctement de...
부대행사	programme social
동영상 상영	projection d'un documentaire, présentation vidéo
종일	journée pleine
반나절	demi-journée
이틀에 거쳐	réparti(e) sur deux jours

17

발표자를 소개하겠습니다.

Je vais présenter les intervenants.

기본 표현

1 이제 발표자를 소개하겠습니다.

Maintenant, permettez-moi de vous présenter les conférenciers.

2 이제 본 세션의 연사들을 소개하겠습니다.

Je vais maintenant présenter les orateurs de cette session.

3 다음 연사는 별도의 소개가 필요 없는 분입니다.

Notre prochain invité n'a pas besoin de présentation.

응용 표현 1

1 뒤베르 사의 몽타뉴 사장님을 환영해주시기 바랍니다.

Veuillez accueillir avec moi madame Montagne, la PDG de Duvert.

2 제 동료인 라포레 교수님을 소개하게 되어 매우 자랑스럽게 생각합니다.

C'est avec beaucoup de fierté que je vous présente ma collègue, la professeure Laforêt.

3 기조 연설자는 2019년 우수환경상을 수상하신 뒤부아 씨입니다.

L'orateur du discours liminaire est monsieur Dubois, lauréat du prix de l'excellence environnementale 2019.

4 그럼 이제 연사들의 약력을 간단하게 소개하겠습니다.

Je vais maintenant présenter brièvement la biographie de nos intervenants.

5 몽타뉴 씨는 프랑스 기업인 뒤베르 사의 대표이십니다. 또한 지속가능개발 국제협회의 회원이시기도 합니다.

Madame Montagne est la présidente de la société française Duvert. Elle est également membre de l'Association internationale du développement durable.

6 뒤베르 사의 부사장님이십니다. 부사장님께서는 영업과 마케팅을 총괄하고 계십니다.

Je vous présente le vice-président de Duvert. Il est le responsable des ventes et du marketing.

응용 표현 2

1 파리 지속가능개발연구소의 설립자이자 소장이신 라플뢰르 씨입니다. 소장님은 프랑스에서 여러 베스트셀러를 저술하셨습니다.

Madame Lafleur est la fondatrice et la directrice de l'Institut de recherche sur le développement durable de Paris. C'est l'auteure de nombreux best-sellers en France.

2 다음 연사는 마케팅 담당 이사이신 오세앙 씨입니다. 2005년 뒤베르 사에 입사하시기 전 십년 간 플라네트 사에서 이사회 이사로 활동하셨습니다.

Quelques mots sur notre prochain intervenant, monsieur Océan, directeur chargé du marketing. Avant de rejoindre Duvert en 2005, il a travaillé pendant dix ans chez Planète en tant que membre du conseil d'administration.

3 그럼 다음 연사이신 NGO 에콜로의 사무총장을 소개하겠습니다. 이 분야에서 가장 영향력 있는 인사 중 한 분이십니다.

Permettez-moi de présenter notre prochaine oratrice, la directrice générale de l'ONG Écolo. C'est une des personnalités les plus influentes du milieu.

4 마랭 씨는 파리 소르본대학교의 교육학과 교수로 재직 중이십니다. 『ABC』를 비롯한 여러 저서의 저자이십니다. 여러 편의 국제 연구의 공동 저자이시기도 합니다. 현재는 오르비트 연구소장이십니다.

Monsieur Marin est professeur à la faculté de pédagogie de l'Université de la Sorbonne à Paris. Il est l'auteur de plusieurs ouvrages dont *Abc*. C'est aussi le co-auteur de plusieurs études internationales. Il est actuellement le directeur du centre de recherche Orbite.

5 연사의 이력을 소개하겠습니다. 인사관리 담당 이사이신 셀레스트 씨는 2015년부터 플라네트 사에서 근무하고 계시며 노트르 테르 사의 지속가능개발 부서의 출범에 참여하셨습니다.

Permettez-moi de vous présenter les références de l'intervenante. Directrice des ressources humaines, madame Céleste travaille chez Planète depuis 2015 et elle s'est impliquée dans le lancement de la branche concernant le développement durable de l'entreprise Notre Terre.

단어 및 표현

이력서, 약력	CV (curriculum vitae), biographie
학력, 학위	formation, diplôme
경력	parcours professionnel, expériences professionnelles
전문가	expert(e), spécialiste
권위자	autorité
민간 분야	secteur privé
공공 분야	secteur public
비영리기구	organisation à but non lucratif
비정부기구(NGO)	organisation non gouvernementale (ONG)
연구소	institut de recherche

18

제 발표의 주제는 지속가능개발입니다.

Le sujet de ma présentation est le développement durable.

기본 표현

1 제 발표의 제목은 "프랑스의 지속가능개발"입니다.

Le titre de mon exposé est « Le développement durable en France ».

2 오늘 저는 지속가능개발에 관하여 말씀드리고자 합니다.

Aujourd'hui, je souhaite vous parler du développement durable.

3 지속가능개발에 대하여 간략히 말씀드리겠습니다.

Nous allons brièvement aborder la question du développement durable.

응용 표현 1

1 저는 임박한 국제 유가 인상을 주제로 말씀드리겠습니다.

Le sujet de mon intervention porte sur la hausse imminente du cours du pétrole.

2 기후 변화에 대한 제 생각을 말씀드리고자 합니다.

Je souhaite vous communiquer mes réflexions sur le changement climatique.

3 국내 원자력 발전소의 현황을 소개하겠습니다.

Permettez-moi de vous dresser le bilan des centrales nucléaires en Corée.

4 오늘 우리는 이 자리에서 청년 실업에 대해 논의하고자 합니다.

Nous sommes ici aujourd'hui pour discuter du chômage des jeunes.

5 가계 부채에 대해서 논의할 수 있는 매우 시의적절한 자리라고 생각합니다.

Il s'agit d'une occasion propice pour discuter de la question de l'endettement des ménages.

6 올해 주제는 매우 시의적절하다고 생각합니다.

Je suis convaincu que le thème de cette année tombe à point nommé.

응용 표현 2

1 우리는 세계 전역에서 날로 심각해지고 있는 고령화 문제에 대해 논의하기 위해 오늘 이 자리에 모였습니다.

Aujourd'hui, nous sommes ici pour aborder la question du vieillissement de la population qui s'accentue dans toutes les régions du monde.

2 이번 시간에는 IT 시스템의 위협 및 취약성에 대하여 설명드리겠습니다.

Pendant cette session, je vais tenter de vous expliquer le paysage des menaces et des vulnérabilités des systèmes informatiques.

3 저는 오늘 원격학습에 관하여 발표해달라는 부탁을 받았습니다. 제 발표가 원격학습에 대한 이해를 돕는 데 도움이 되기를 바랍니다.

Le sujet que l'on m'a demandé d'aborder aujourd'hui est l'apprentissage à distance. J'espère que cette présentation pourra contribuer à mieux cerner la question de la formation à distance.

4 4차 산업혁명이 일자리에 미치게 될 영향은 이제 뜨거운 화두가 되었습니다.

Les répercussions de la quatrième révolution industrielle sur l'emploi constituent aujourd'hui un sujet d'actualité brûlant.

5 본론으로 들어가기 전에 질문을 하나 드리겠습니다. 4차 산업혁명이 청년 실업에 악영향을 미치게 될까요?

Avant d'entrer dans le vif du sujet, laissez-moi vous poser une question : la quatrième révolution industrielle aura-t-elle des conséquences néfastes sur le chômage des jeunes ?

TIPS

Embargo ?

사전 배포되는 연설문이나 보도문 등을 살펴보면 « pour diffusion immédiate » 또는 « embargo »라고 첫 페이지 상단에 명시되어 있는 경우가 있다.
« pour diffusion immédiate »는 즉시 게재해도 좋다는 의미를 갖고 있는 반면, « embargo »라고 명시되어 있는 경우에는 반대로 특정 시점까지 한시적으로 보도를 유예해달라는 요청을 의미한다. 공공의 이익, 기밀 유지와 알 권리 간의 상충 등으로 인해 다양한 입장이 있겠지만 관행상 지켜지는 일종의 약속이다.
« Seul le prononcé fait foi »란 무슨 뜻일까? 즉흥 연설(discours improvisé)과는 달리 간혹 보도 편의를 위하여 사전 배포된 주요 인사의 연설문이나 발표문에 명시되어 있는 문구이다. 실제로 발표할 내용이 사전 배포하는 내용과 상이할 수 있으니 반드시 현장에서 발언하는 내용과 일치 여부를 확인하고 보도하거나 사용하라는 일종의 경고 메시지이다.

단어 및 표현

…에 대해 논하다	parler/discuter de...
강조하다	souligner, mettre l'accent sur...
현황을 설명하다	dresser le bilan/le paysage
전망	perspective
제약	contrainte
도전 과제	défi
이론적으로/실제로	en théorie/en pratique
일반적으로/특히	en général/en particulier
우선 - 다음으로 - 끝으로	d'abord – ensuite – enfin
결론적으로	en (guise de) conclusion
발표	exposé, présentation, intervention, contribution

19

자세히 설명드리겠습니다.

Permettez-moi d'entrer dans les détails.

기본 표현

1 지속가능개발에 관하여 자세히 설명드리겠습니다.

Permettez-moi de vous donner quelques détails sur le développement durable.

2 제 발표는 세 부분으로 구성되어 있습니다.

Ma présentation est divisée en trois parties.

3 우선 유기농업에 대해 보다 상세히 말씀드리겠습니다.

Je souhaite tout d'abord parler de l'agriculture biologique plus en détail.

응용 표현 1

1 이 주제에 관하여 좀 더 자세한 설명을 드리겠습니다.

Laissez-moi vous apporter quelques précisions sur ce sujet.

2 우선 원자력 산업 현황부터 살펴본 뒤에, 관련 문제점들에 대해 상세히 설명하겠습니다.

Je vais tout d'abord commencer par vous dresser un bilan de la filière nucléaire, suivi par une analyse détaillée des enjeux.

3 시간 관계상 자세한 발표를 하기보다는 몇 가지 최근 통계 수치에 집중하겠습니다.

Faute de temps, au lieu de faire une présentation plus détaillée, je vais donc me contenter de me concentrer sur quelques données statistiques récentes.

4 다음으로 세계 이산화탄소 배출 증가 전망에 대해 대략적으로 말씀드리겠습니다.

Ensuite, je souhaite vous parler des perspectives d'augmentation des émissions de gaz carbonique dans le monde, sans entrer dans les détails.

5 더 많은 정보가 필요하시면 이 회의가 끝난 후에 메일로 요청하시면 되겠습니다.

Pour de plus amples informations, n'hésitez pas à me contacter par mail après cette conférence.

응용 표현 2

1 제 발표는 두 부분으로 구성되어 있습니다. 앞부분에서는 빈국과 부국 간의 격차에 대해, 뒷부분에서는 공정무역에 대해서 다루겠습니다.

Il y a deux parties à mon intervention. D'abord, une partie sur la fracture Nord-Sud, ensuite une autre sur le commerce équitable.

2 제 발표는 세 부분으로 구성되어 있습니다. 첫째, 세계 경제 전망, 둘째, 한국의 경기, 그리고 마지막으로 앞으로의 도전 과제입니다.

Ma présentation s'articule autour de trois axes. Tout d'abord, les perspectives économiques mondiales, puis la conjoncture économique de la Corée, et enfin les défis à relever.

3 이번에는 관점을 바꾸어 관련 기업들의 대응에 대하여 말씀드리겠습니다. 필요할 경우 그때그때 자세한 설명을 드리겠습니다.

Cette fois-ci, on va changer d'optique et parler de la réaction des entreprises en la matière. Au fur et à mesure, je vais vous fournir les détails nécessaires.

4 기후 변화와 관련된 문제들을 더 잘 파악하기 위하여 보다 많은, 그리고 더 상세한 연구가 시급히 요구됩니다.

Nous avons un besoin urgent d'études plus abondantes et plus détaillées afin de mieux cerner les problèmes liés aux dérèglements climatiques.

5 사하라 이남 아프리카 지역의 인구 증가에 대하여 자세히 말씀드리겠습니다.

Permettez-moi de vous fournir des informations détaillées sur la croissance démographique en Afrique subsaharienne.

TIPS

Entrer dans les détails

동사 « entrer »나 « rentrer »를 이용하여 앞으로 전개될 내용에 대한 다양한 표현을 만들 수 있다. « Je vais sans plus tarder entrer dans le vif du sujet. »는 '더 이상 지체하지 않고 본론으로 들어가다'를 의미하며, « entrer/rentrer dans les détails »는 '상세하게 설명하다'를 의미한다. 따라서 « Sans trop entrer dans les détails, je vais évoquer le point essentiel de la discussion. »은 '지나치게 세부적인 내용은 생략하고 논의의 핵심만 다루겠다'는 뜻이다.

단어 및 표현

개괄적으로 설명하다	donner un bref aperçu, faire un survol
상세하게 설명하다	entrer dans les détails
…에 집중하다	focaliser sur...
주제/화제를 바꾸다	changer de sujet
주제에서 벗어나다	s'écarter du sujet, faire une digression
대략적으로	sans entrer dans les détails
시간 관계상	faute de temps
중복되다	être redondant(e)
반복되다	être répétitif(ive)

20

발표를 마치겠습니다.

Ma présentation est terminée.

기본 표현

1 곧 제 발표를 마치겠습니다.

J'arrive bientôt à la fin de mon allocution.

2 이것으로 제 발표를 마치겠습니다.

Avec cela, je souhaite conclure mon intervention.

3 경청해주셔서 감사합니다.

Je vous remercie de votre attention.

응용 표현 1

1 이제 제 발표를 마칠 때가 되었습니다.

Je touche maintenant à la fin de ma présentation.

2 마지막으로 국내 순환경제에 대한 말씀을 드리겠습니다.

Enfin, je souhaite aborder le thème de l'économie circulaire en Corée.

3 공유경제에 대한 말씀을 끝으로 발표를 마치도록 하겠습니다.

Avec ces réflexions sur l'économie du partage, j'en arrive à la fin de mon exposé.

4 결론적으로 말씀드리자면, 올해 경제 전망은 밝다는 것입니다.

En conclusion, les perspectives économiques pour cette année sont bonnes.

5 정리하자면, 오늘 제 발표의 요점은 다음과 같습니다.

Pour résumer, voici les éléments-clés à retenir de ma présentation.

6 마치기에 앞서, 저를 초청해주신 주최 측에 감사의 말씀을 드립니다.

Avant de terminer, permettez-moi de remercier les organisateurs de m'avoir invité.

응용 표현 2

1 이것으로 제 발표를 마치겠습니다. 경청해주셔서 감사합니다.

Je suis maintenant arrivé à la fin de ma présentation. Je vous remercie de votre aimable attention.

2 요컨대, 우리는 후손들을 위해 큰 도전에 임해야 한다는 것을 알 수 있습니다.

En somme, on peut constater que nous avons à relever un grand défi pour nos générations futures.

3 경청해주셔서 감사드리고 여러분의 의견을 말씀해주시기 바랍니다.

Je vous remercie de votre attention et je me réjouis par avance d'entendre vos observations.

4 여러분, 이번 회의가 한국의 투자 환경에 대한 이해를 증진시키는 데 도움이 되었기를 바랍니다.

Mesdames et messieurs, j'ai bon espoir que notre conférence contribuera à renforcer la compréhension sur le climat d'investissement en Corée.

5 끝으로, 오늘 여러분 앞에서 발표를 할 수 있도록 초대해주셔서 감사드리며, 여러분의 노고에 다시 한번 감사드립니다.

Pour terminer, je tiens à vous remercier de m'avoir invité aujourd'hui à vous présenter mon exposé, et je vous remercie de nouveau de votre travail.

TIPS

오후 3시 또는 15시?

프랑스에서는 시간을 나타낼 때 우리처럼 12시간을 오전/오후로 표시하는 대신, 하루를 24시간으로 표현하는 것이 일반적이다. 예를 들어, 낮 1시는 13시로, 저녁 8시는 20시로 표현한다. TV 뉴스도 '저녁 8시 뉴스'가 아니라 « Le journal de 20 heures »이다. 또한 낮 12시는 « 12 heures » 대신 « midi(정오) »로, 밤 12시는 « 24 heures » 대신 « minuit(자정) »로 표현한다.

단어 및 표현

발표를 마칠 때가 되다	arriver à la fin de son exposé
…으로 발표를 마치다	conclure/terminer avec…
…를 살펴보다	faire le point sur…
내용의 핵심을 정리하다	résumer l'essentiel de la discussion
발언/발표 시간을 지키다	respecter son temps de parole
기억해야 할 요점	éléments importants à retenir
핵심 요점	point-clé
교훈	leçon tirée
연역법	induction
귀납법	déduction
요약 정리	récapitulatif

21

질문을 받겠습니다.

Nous allons prendre vos questions.

기본 표현

1 이제부터 질문에 답하도록 하겠습니다.

Nous allons maintenant répondre à vos questions.

2 궁금하신 점이 있으시면 질문해주시기 바랍니다.

Si vous avez des questions, je suis à votre disposition.

3 그럼 이제부터 질의응답 시간을 갖도록 하겠습니다.

Nous allons à partir de maintenant avoir une séance de questions-réponses.

응용 표현 1

1 질문이 있으시면 발표 중이라도 해주시기 바랍니다.

Si vous avez des questions, n'hésitez pas à me les poser pendant ma présentation.

2 지금부터 발표 내용에 대한 질문을 받겠습니다. 질문이 있으시면 손을 들어주시기 바랍니다.

Je vous invite à poser vos questions sur la présentation. Si vous en avez, veuillez lever la main.

3 지목되신 분은 소속과 이름을 말씀하시고 질문을 해주시기 바랍니다.

Veuillez vous identifier, nous donner votre nom et votre affiliation, avant de poser votre question.

4 질문하신 내용에 답이 되었습니까?

Est-ce que j'ai répondu à votre question ?

5 질문에 대한 답변이 되었기를 바랍니다.

Nous espérons avoir répondu à votre question.

6 행사 후에도 질문이 있으시면 이메일로 연락 주시기 바랍니다.

Si vous avez des questions supplémentaires après cette conférence, n'hésitez pas à me contacter par email.

응용 표현 2

1 발표가 끝난 후에도 질문을 하실 수 있는 시간이 마련되어 있습니다.

À la fin de la présentation, nous aurons encore du temps pour répondre à quelques questions.

2 질의응답 시간에 앞서 라포레 씨께서 잠시 발언을 요청하셨습니다.

Avant de commencer la session de questions-réponses, madame Laforêt a demandé la parole.

3 어제 회의를 통해서 많은 궁금증이 해소되었을 것으로 생각합니다만, 그래도 아직 질문이 더 있으시다면 해주시기 바랍니다.

Je suppose que nous avons répondu à la plupart de vos questions pendant les séances d'hier. Néanmoins, si vous avez des questions supplémentaires, n'hésitez pas.

4 먼저 5개의 질문을 받은 후에 40분간 5개 질문 모두에 대해서 답변하는 방식으로 진행하겠습니다.

Nous allons dans un premier temps prendre cinq questions consécutives et consacrer 40 minutes aux réponses.

5 이번 세션이 활발한 의견 교환의 시간이 되길 원합니다. 질문이나 코멘트가 있으시면 언제든 말씀해주시기 바랍니다.

Je souhaite que cette session soit aussi interactive que possible. Si vous avez des questions ou des remarques, surtout n'hésitez pas à m'interrompre.

TIPS

발표 중 혹은 발표 후 질문 받기를 유도하는 표현

연사는 자신의 발표 중 혹은 발표 후에 질문을 받겠다는 의사를 다음과 같이 표현할 수 있다.

(발표 중)

- Si vous avez des questions, n'hésitez pas à me les poser pendant ma présentation.
- Si vous voulez me poser une question, surtout n'hésitez pas à m'interrompre.

(발표 후)

- Si vous avez d'autres questions, vous pourrez me les poser à la fin de la présentation.
- À la fin de ma présentation, j'aurai encore du temps pour répondre à vos questions.

단어 및 표현

질문하다	poser une question
질문을 받다	prendre une question
질문에 대답하다	répondre à une question
이름과 소속을 말하다	s'identifier
마이크를 전달하다	apporter le micro
마이크에 대고 말하다	parler au micro
질의응답 시간	session/séance de questions-réponses
무선마이크	microphone sans fil
핀마이크	microphone cravate
익명으로	de manière anonyme

22

오찬을 시작하겠습니다.

Il est maintenant l'heure du déjeuner.

기본 표현

1 이제 오찬을 시작하겠습니다.

Maintenant, nous allons commencer à déjeuner.

2 연설 후 점심 식사가 제공될 예정입니다.

Le déjeuner va être servi juste après le discours.

3 즐거운 오찬 시간 되십시오.

Je vous souhaite un bon appétit.

응용 표현 1

1 오래 기다리셨습니다. 이제부터 점심 식사를 시작하도록 하겠습니다.

Merci de votre patience. Nous allons maintenant commencer à déjeuner.

2 진행요원의 안내에 따라주시기 바랍니다.

Veuillez suivre les instructions de notre personnel.

3 호텔 15층에서 모든 참석자께 점심 도시락을 제공해드립니다.

Des plateaux-repas seront fournis à tous les participants au quinzième étage de l'hôtel.

4 자리에 앉아 계시기 바랍니다. 점심 식사는 여러분의 좌석으로 가져다드리겠습니다.

Restez là où vous êtes. Le déjeuner vous sera servi sur place.

5 오늘 오찬은 등록 시 받으신 쿠폰에 표시된 장소에서 각각 진행될 예정입니다.

Le déjeuner sera servi à l'endroit indiqué sur le carton que vous avez reçu au moment de votre inscription.

6 소지품은 제2회의실 안에 마련되어 있는 물품보관소에 보관하셔도 됩니다.

Vous pourrez disposer vos affaires dans le vestiaire se trouvant dans la salle Ⅱ.

응용 표현 2

1 오찬에 대해 안내 말씀 드리겠습니다. 이틀간 컨퍼런스 센터에서 12시부터 점심 식사가 부페식으로 제공될 예정입니다.

Quelques informations concernant le déjeuner : dès midi, un déjeuner sous forme de buffet sera proposé aux participants durant les deux jours dans le Centre de conférences.

2 빈 좌석을 못 찾으신 분은 11층 아리랑룸에서 식사를 제공해드립니다.

J'invite nos participants qui n'ont pas réussi à trouver une place disponible à se rendre au salon Arirang situé au onzième étage.

3 잠시 후 12시부터 호텔 1층 나폴레옹룸에서 공식 오찬이 시작되겠습니다. 대표 여러분께서는 모두 참석해주시기 바랍니다.

Dans quelques instants, à partir de midi, le déjeuner officiel se déroulera au salon Napoléon qui se trouve au rez-de-chaussée de cet hôtel. J'invite tous les délégués à participer à cet événement.

4 식사는 교육비에 포함되어 있으며, 장소는 르 파노라마 식당입니다.

Le déjeuner est compris dans le prix de la formation et se déroulera dans le restaurant Le Panorama.

5 회의 기간 중, 점심 식사와 다과는 주최 측에서 제공해드립니다. 나머지 식사는 본인 부담입니다.

Durant la conférence, le déjeuner et les rafraîchissements seront fournis par l'organisateur de la conférence. Tous les autres repas sont à la charge des participants.

TIPS

특수 식단(régime alimentaire spécial)

식당에서는 말할 것도 없고, 이제는 항공기 기내식이나 회의장 식사에도 특별식(repas spécial)을 요청하는 경우를 흔히 볼 수 있다. 채식주의 식단(repas végétarien) 외에도, 할랄(halal), 코셔(casher) 인증을 받은 종교식(repas religieux)을 요청할 수도 있다.

단어 및 표현

점심 시간	pause déjeuner
업무 오찬	déjeuner de travail
케이터링 업체	traiteur
뷔페식 점심	déjeuner au buffet
도시락	plateau-repas, boîte déjeuner
포장, 테이크아웃 식사	plats à emporter
제공되다	être offert(e)
참가자 부담	être à la charge des participants
회의장에서	sur les lieux de la conférence

23

토론 시간을 갖겠습니다.

Nous allons commencer notre séance de discussion.

기본 표현

1 토론을 시작하겠습니다.

Le débat est ouvert.

2 잠시 후 토론을 시작하겠습니다.

La séance de discussion va commencer dans un instant.

3 본 세션의 좌장께서 토론을 진행해주시겠습니다.

Le débat sera modéré par le président de cette séance.

응용 표현 1

1 그럼 바로 안건에 대한 토론을 하겠습니다.

Sans plus tarder, nous allons passer aux discussions de l'ordre du jour.

2 지금부터 공정무역을 주제로 패널 토론을 시작하겠습니다.

Nous allons ouvrir le panel de discussion sur le thème du commerce équitable.

3 원탁회의를 통해 여러 전문가들의 서로 다른 의견을 들어보겠습니다.

La table ronde va permettre de confronter les avis de plusieurs experts.

4 전문가들께서 공유경제와 관련된 쟁점에 대해 다루겠습니다.

Les experts vont discuter des controverses sur l'économie collaborative.

5 여러분 모두 토의에 활발하게 참여해주시기 바랍니다.

J'encourage toutes les personnes présentes à participer activement au débat.

6 발표 내용에 대한 의견이나 제안이 있으시면 기탄없이 말씀해주시기 바랍니다.

Si vous avez des remarques ou des suggestions sur les présentations, surtout n'hésitez pas à les partager avec nous.

응용 표현 2

1 이상으로 첫 번째 세션을 마치고 토론을 시작하겠습니다. 여러분께서는 할당된 시간을 지켜주시기 바랍니다.

Nous allons conclure la première séance et commencer les discussions. Veuillez respecter le temps qui vous est imparti.

2 시간이 부족한 관계로 패널 여러분께서는 사전에 준비해오신 발표를 읽으시기보다는 요점만 간단히 말씀해주시면 감사하겠습니다.

Faute de temps, les participants sont invités à privilégier les commentaires succincts et concis plutôt que de lire des allocutions préparées à l'avance.

3 발언 시간을 잘 지켜주신 패널 여러분께 감사드립니다. 아직 종료까지 10분이 남았으므로 추가 발언이 필요하시면 기탄없이 의견을 말씀해주시기 바랍니다.

Merci d'avoir respecté le temps de parole qui vous a été alloué. Puisqu'il nous reste encore dix minutes avant de clore la séance, si vous avez encore des commentaires, surtout n'hésitez pas.

4 여러분의 열띤 토론에 감사드립니다. 여러분의 고견이 순환경제의 발전에 크게 기여할 것으로 믿습니다.

Je vous remercie de votre discussion passionnée. Je suis convaincu que vos discussions fructueuses ne manqueront pas de contribuer au développement de l'économie circulaire.

TIPS

demander/donner/limiter la parole...

« parole »을 이용한 다양한 표현을 생각해볼 수 있다. 의장이나 좌장에게 발언권을 요청할 때는 « demander la parole », 발언권을 부여할 때는 « donner la parole », 발언할 때는 « prendre la parole », 발언권을 제한할 때는 « limiter la parole »로 표현하면 된다.

단어 및 표현

토의, 토론	discussion, débat
라운드테이블, 원탁회의	table ronde
그룹 토론	discussion de groupe
열띤 토론	débat chaud/animé
토론을 진행하다	animer le débat
토론을 시작하다	ouvrir le débat
토론을 종료하다	clore le débat
철회하다	retirer
중단하다	interrompre
정회하다	suspendre une séance
찬성론자	partisan(e), adepte, protagoniste
반대론자	adversaire, détracteur(trice), antagoniste

24

휴식 시간을 갖겠습니다.

Nous allons faire une pause.

기본 표현

1 잠시 휴식 시간을 갖겠습니다.

Nous allons faire une petite pause.

2 몇 분간 쉬도록 하겠습니다.

Nous allons faire une pause de quelques minutes.

3 11시에 다시 시작하겠습니다.

Nous allons reprendre notre séance à 11 heures.

응용 표현 1

1 지금부터 10분간 휴식을 갖도록 하겠습니다. 11시 정각에 다시 모여주시기 바랍니다.

Nous allons faire une pause de 10 minutes. Nous nous retrouverons ici à 11 heures précises.

2 지금부터 45분간 여유 있는 휴식 시간을 갖고 4시에 이곳에서 다시 모이겠습니다.

Nous allons faire une longue pause de 45 minutes avant de nous retrouver à 16 heures.

3 세션을 잠시 중단하고 11시 30분까지 커피브레이크를 하겠습니다.

Nous allons interrompre notre séance pour faire une pause-café jusqu'à 11 heures 30.

4 회의가 열리는 동안 간단한 다과와 음료가 제공될 예정입니다.

Des collations et des rafraîchissements vous seront offerts durant la conférence.

5 소지품은 분실 예방을 위해 반드시 휴대해주시기 바랍니다.

Par mesure de précaution, je vous invite à garder vos effets personnels avec vous.

응용 표현 2

1 휴식 시간에 행사장을 둘러보시고 늦어도 3시까지 돌아와주시기 바랍니다. 소지품은 가져가시기 바랍니다.

Veuillez profiter de la pause pour faire un petit tour et n'oubliez pas de revenir ici à 15 heures au plus tard. Assurez-vous de prendre vos affaires personnelles.

2 세 번의 커피브레이크는 회의 프로그램에 명시된 시간에 리셉션 홀에서 진행될 예정입니다.

Trois pauses-café sont prévues pendant la conférence et auront lieu dans le hall d'accueil aux heures indiquées sur le programme de la conférence.

3 회의장 곳곳에는 무료로 이용하실 수 있는 휴대폰 충전소가 마련되어 있습니다.

Des bornes de recharge en accès gratuit pour téléphone portable sont situées dans tout le centre de la conférence.

4 커피브레이크는 여러분의 네트워킹과 전시부스 및 전시관을 관람을 위하여 특별히 마련한 시간입니다.

Les pauses-café sont spécialement prévues pour vous donner l'occasion de réseauter et de visiter les stands et les pavillons.

5 같은 분야에서 오신 전문가들께서는 커피브레이크 시간을 이용하여 활발한 교류를 하시기 바랍니다.

Veuillez profiter de la pause-café spécialement prévue pour vous retrouver entre professionnels du secteur et échanger.

6 회의 주최 측은 본 회의 참석자의 개인 소지품의 분실 또는 파손에 대한 책임을 지지 않습니다.

L'organisateur de la conférence ne pourra être tenu responsable de la perte des effets personnels des participants à la conférence ni des dégâts qu'ils encourent.

7 이미 시간이 지체된 관계로, 커피브레이크 없이 회의를 계속 진행하도록 하겠습니다.

Puisque nous avons déjà pris du retard par rapport à notre programme, il va falloir continuer sans faire de pause.

단어 및 표현

휴식 시간을 갖다	faire une pause
회의 중단	suspension/interruption de la séance
물품보관소	vestiaire
개인 소지품	effets personnels, affaires personnelles
음료	rafraîchissement
충전소	borne de recharge
간식, 다과	collation, encas
명함	carte de visite
흡연 구역	espace fumeur

25

표결을 실시하겠습니다.

Nous allons procéder au vote.

기본 표현

1 모두 투표해주시기 바랍니다.

Je vous invite tous à voter.

2 투표가 종료되었습니다.

Le vote est terminé.

3 선언문이 만장일치로 채택되었습니다.

La déclaration est adoptée à l'unanimité.

응용 표현 1

1 이번 세션에서는 총 3번의 실시간 투표를 진행하게 됩니다.

Pendant cette séance, il y aura trois votes en temps réel.

2 본회의장에는 전자 투표 시스템이 마련되어 있습니다.

La salle plénière est équipée d'un système de vote électronique.

3 임시 의제 채택을 위한 투표를 실시하겠습니다.

L'ordre du jour provisoire est soumis à la conférence pour approbation.

4 반대하시는 분은 손을 들어주시기 바랍니다.

Si vous êtes contre, veuillez lever la main.

5 투표 종료 10분 전입니다.

Il nous reste 10 minutes avant la fin du vote.

6 투표에 참여해주셔서 감사드립니다.

Je vous remercie d'avoir participé au vote.

응용 표현 2

1 토론이 진행되는 동안 실시간 투표 결과를 확인하실 수 있습니다.

Vous pouvez vérifier les résultats du vote en temps réel pendant les discussions.

2 본 회의의 표결 방식은 거수 투표이며, 수석 대표만 의결권을 행사할 수 있습니다.

La conférence vote à main levée et seuls les chefs des délégations sont invités à participer au vote.

3 상정된 의제를 총회에서 만장일치로 채택해주실 것을 제안합니다.

Je propose à l'assemblée d'adopter l'ordre du jour à l'unanimité.

4 이의나 이견이 있는 회원은 손을 들어주시기 바랍니다.

Si vous avez une opinion différente ou des remarques, veuillez lever la main.

5 표결 결과, A안은 찬성 30표, 반대 10표로 확정되었습니다.

Selon les résultats du dépouillement, le projet A a été adopté avec trente voix pour et dix voix contre.

6 내규에 따라서 찬성 14표, 반대 22표, 기권 4표로 안건이 거부되었습니다.

Conformément aux règlements intérieurs, la proposition est rejetée avec quatorze voix pour, vingt-deux voix contre et quatre abstentions.

TIPS

투표 방식

의사 결정을 위한 투표를 실시하는 방식은 다양하다. 몇 가지 예를 들어보면 다음과 같다.

vote à bulletin secret, scrutin secret	비밀 투표
vote à l'unanimité	만장일치 투표
vote à la majorité simple	단순과반 투표
vote à la majorité qualifiée	가중 다수결 투표
vote à main levée	거수 투표
vote par acclamation	박수로 의결
vote par procuration	대리 투표
vote électronique	전자 투표

단어 및 표현

채택/거부되다	être adopté(e)/rejeté(e)
찬성표	voix pour, vote affirmatif
반대표	voix contre, vote négatif
기권	abstention
정족수	quorum
비례 대표	représentation proportionnelle
투표소	bureau de vote
투표 용지	bulletin de vote
투표함	urne
기표소	isoloir
개표	dépouillement
의사진행 발언	motion d'ordre

26

회의를 마치겠습니다.

Nous allons clôturer la séance.

기본 표현

1 제1세션을 마치겠습니다.

Nous allons conclure la première séance.

2 이제 오전 세션을 마치겠습니다.

Maintenant, nous allons clôturer la séance matinale.

3 이것으로 오늘 일정을 마치겠습니다.

Nous sommes arrivés à la fin de notre programme du jour.

응용 표현 1

1 오늘 긴 하루 수고 많으셨습니다. 이것으로 회의의 공식 일정을 모두 마치겠습니다.

Bravo pour cette longue journée de travail réussie. Nous allons officiellement clore la conférence.

2 수고해주신 의장님들과 발표자 여러분께 감사드립니다.

Permettez-moi de remercier les modérateurs et les orateurs de leur contribution.

3 예정된 시간이 지났으므로 이제 본 세션을 마치도록 하겠습니다.

Ayant dépassé l'horaire, nous allons clôturer la séance maintenant.

4 본 세션에 대한 설문지를 작성해주시기 바랍니다.

Je vous invite tous à remplir les questionnaires d'évaluation de cette session.

5 이상으로 오늘 일정을 모두 마치겠습니다. 주최 측에 진심으로 감사드립니다.

Nous sommes arrivés à la fin de notre programme. Permettez-moi d'exprimer ma gratitude à nos organisateurs.

응용 표현 2

1 "2018 서울선언문"의 채택을 끝으로 총회를 모두 마치겠습니다.

La conférence s'achève officiellement avec l'adoption de « la déclaration de Séoul 2018 ».

2 참석자 여러분께 진심으로 감사의 말씀을 드리며, 유익한 시간이 되셨기를 바랍니다.

Permettez-moi d'exprimer ma gratitude à tous les participants. J'espère que cette conférence vous a été utile.

3 발표 내용은 요청하시는 참석자께 이메일로 보내드리겠습니다.

Les présentations seront communiquées aux participants par courriel sur demande.

4 본 회의 종료 후, 발표 자료는 저희 공식 홈페이지에서 다운로드 받으실 수 있습니다.

À l'issue de la conférence, les présentations des intervenants seront disponibles et téléchargeables sur notre site officiel.

5 여러분의 만족도를 조사하는 설문지를 작성하시어 회의 종료 후 출구 쪽에 마련되어 있는 함에 넣어주시면 감사하겠습니다.

Veuillez remplir cette enquête de satisfaction que vous pourrez nous remettre à la fin de la journée dans l'urne placée à la sortie de cette salle.

TIPS

회의 만족도 설문조사

많은 경우 행사가 종료되기 전 참석자들의 만족도를 알아보기 위한 설문조사(questionnaire d'évaluation/de satisfaction)를 실시한다. 조사 항목은 행사에 따라 상이하지만 대체로 회의의 조직 및 진행(organisation et déroulement de la conférence)에 대한 내용으로, 아래와 같은 항목이 포함되는 것이 일반적이다.

- 주제의 유관성 (pertinence des sujets abordés)
- 전문가 발표 (interventions des experts)
- 정보의 유익성 (utilité de l'information obtenue)
- 토의시간 (temps alloué à la discussion)
- 배포 자료의 수준 (qualité des documents distribués)
- 회의 장소 및 시설 (lieu de la conférence et facilités)
- 코멘트 및 건의 (commentaires et suggestions)

위 항목들에 대해 〈매우만족 Très satisfaisant〉 – 〈만족 Satisfaisant〉 – 〈불만족 Insatisfaisant〉 – 〈매우불만족 Très insatisfaisant〉 등으로 입장을 표명하면 된다.

단어 및 표현

보도자료	communiqué de presse
결의안	projet de résolution
행동 계획	plan d'action
선언문	déclaration
최종 문건 채택	adoption du document final
업무협약, 양해각서(MOU)	mémorandum d'entente
회의 만족도 설문조사	questionnaire d'évaluation de la conférence
폐회사	discours de clôture
폐회하다, 마치다	clore, clôturer
폐회를 선언하다	déclarer la séance levée

27

내일 일정을 안내해드립니다.

Voici quelques informations sur notre programme de demain.

기본 표현

1 내일 일정에 대해 몇 가지 안내 말씀 드립니다.

Je vais vous donner quelques mots sur notre programme de demain.

2 내일 일정은 오전 10시에 시작하겠습니다.

Nous reprendrons nos travaux demain à 10 heures.

3 내일 관광 일정과 관련해 잠시 안내 말씀 드리겠습니다.

Permettez-moi de vous donner quelques informations concernant notre journée d'excursion de demain.

응용 표현 1

1 내일 아침 지정 호텔을 출발하여 회의장까지 운행하는 셔틀버스를 이용하시면 됩니다.

Demain matin, une navette assurant le transfert depuis les hôtels officiels jusqu'au lieu de la conférence sera à votre service.

2 내일 오전에 이곳에서 전문가 라운드테이블과 주제별 워크숍이 동시에 진행될 예정입니다.

Demain matin, ici, nous allons organiser simultanément la table ronde et les sessions thématiques.

3 내일은 오전에 회의 일정을 모두 마치고, 오후에는 다양한 프로그램 중에서 선택하실 수 있습니다.

Demain, après la fin de la séance matinale, vous aurez la possibilité de choisir parmi les différents programmes qui vous seront proposés.

4 참석자와 동반자를 위한 다양한 관광 프로그램이 마련되어 있습니다.

Plusieurs visites touristiques sont organisées à l'intention des délégués et des personnes accompagnantes.

5 좌석이 한정되어 있으므로, 오후 프로그램은 사전 신청을 하신 경우에만 참여하실 수 있습니다.

Les places étant limitées, l'accès au programme de l'après-midi se fait uniquement sur inscription préalable.

응용 표현 2

1 호텔 정문에서 오후 2시에 출발하여, 약 7시경 호텔로 복귀할 예정입니다.

Le départ est à 14 heures à l'entrée principale de l'hôtel et le retour à l'hôtel est prévu vers 19 heures.

2 참석자들을 위한 지속가능개발센터의 현장 시찰이 마련되어 있습니다.

Une excursion sur terrain sera mise en place pour les participants pour observer le centre du développement durable.

3 다양한 부대 프로그램 중, DMZ 관광과 북한산 등산을 추천합니다.

Parmi les différents programmes proposés, nous vous conseillons entre autres une visite de la zone coréenne démilitarisée et une randonnée au mont Bukhan.

4 DMZ 탐방은 사전 예약을 하셔야 합니다. 자세한 내용은 본 회의 홈페이지에 게시되어 있습니다.

La visite de la zone coréenne démilitarisée doit être réservée à l'avance. Des informations complémentaires sont affichées sur le site web de la conférence.

5 시내 관광은 도보로 진행됩니다. 참석자들은 특별히 해설사가 동반하는 창덕궁 비원 관람을 하실 수 있습니다.

La visite de la ville se fera à pied. Tous les participants auront le privilège de faire une visite guidée du Jardin secret du palais royal Changdeok.

6 편한 복장과 신발을 준비해주시기 바랍니다. 저녁 행사는 야외에서 진행될 예정이오니 따뜻한 복장도 챙기시기 바랍니다.

Il faut prévoir une tenue et des chaussures confortables. Et n'oubliez pas d'emporter des vêtements chauds car la soirée est à l'extérieur.

7 조직위원회는 내일부터 호텔발 공항행 교통편을 제공합니다. 교통편에 관하여 궁금하신 점이 있으시면 회의 사무국으로 문의 바랍니다.

À partir de demain, le comité organisateur fournira des facilités de transport de l'hôtel à l'aéroport. Veuillez vous adresser au secrétariat de la conférence si vous avez des questions concernant les transports.

단어 및 표현

리셉션	réception
기자회견	conférence de presse
호텔과 회의장 간 이동	trajet hôtel–lieu de conférence
동반자 프로그램	programme pour personnes accompagnantes
부대 행사	programme social/culturel
셔틀버스	navette
관광	excursion, tourisme
버스를 이용한 관광	visite en bus
도보 관광	visite à pied
가이드 동반 관광	visite guidée
관광지	site touristique

28

만찬을 시작하겠습니다.

Nous allons commencer le dîner.

기본 표현

1 지금부터 공식 만찬을 시작하도록 하겠습니다.
Nous allons commencer le dîner officiel.

2 지금부터 뒤부아 씨의 연설로 공식 만찬을 시작하도록 하겠습니다.
Le dîner officiel va commencer avec l'allocution de monsieur Dubois.

3 회장님의 건배 제의가 있겠습니다.
Madame la présidente va proposer un toast.

응용 표현 1

1 금일 저녁 7시부터 이곳에서 리셉션이 진행될 예정입니다.

Une réception aura lieu ici dans cette salle à partir de 19 heures.

2 오늘 저녁에는 조직위원회에서 주최하는 공식 만찬이 있을 예정입니다.

Un dîner officiel offert par le comité organisateur est prévu ce soir.

3 대한민국 지속가능개발부 장관님께서 만찬사를 해주시겠습니다.

Le discours à l'occasion du dîner sera prononcé par la Ministre du développement durable de la République de Corée.

4 우리 양국의 협력을 위하여 건배를 제의합니다.

Je voudrais porter un toast à la coopération entre nos deux pays.

5 맛있게 드시고, 즐거운 저녁 시간 되시기 바랍니다.

Je vous souhaite un bon appétit et une excellente soirée.

6 오늘 만찬은 프랑스 유명 셰프이신 토크 씨가 특별히 여러분을 위해 여섯 코스로 구성된 정찬으로 준비하셨습니다.

Ce dîner de six plats vous est spécialement proposé par monsieur Toque, un grand chef français.

응용 표현 2

1 잠시 후 공식 만찬이 시작될 예정입니다. 모두 자리에 앉아주시면 감사하겠습니다.

Dans un instant, le dîner de gala officiel va commencer. Je vous invite tous à vous asseoir.

2 공식 만찬 시 조직위원회 양측 공동의장의 연설이 있을 예정입니다.

Il y aura une allocution des deux coprésidents du comité d'organisation lors du dîner officiel.

3 한불 양국의 우정을 위하여 건배를 제의합니다.

Je vous invite tous à lever votre verre à l'amitié franco-coréenne.

4 오늘 저녁 식사로는 한국의 궁중요리를 준비했습니다. 맛있게 드시기 바랍니다.

Ce soir, le dîner est composé de plats de la cour royale coréenne. J'espère que le repas vous plaira.

5 특별식을 요청하신 참석자를 위한 다양한 식사도 준비되어 있습니다.

Nous avons également prévu un grand choix de repas spéciaux qui ont été préparés sur votre demande.

TIPS

프랑스식 정찬과 건배 제의

경우에 따라 다소 차이가 있긴 하지만 프랑스식 정찬의 구성은 다음과 같다.

식전주(apéritif) – 전채요리(amuse-bouche, hors d'œuvre) – 전식(entrée) – 주요리(plat principal) – 치즈(fromage) – 디저트(dessert) – 식후주(digestif)

참고로, 주요리 전에 "트루 노르망(trou normand)"이라 하여, 칼바도스 또는 코냑을 부은 샤베트로 잠시 쉬어가는 경우도 간혹 있다.

건배 제의는 행사에 참석한 주요 인사가 하는 것이 일반적이며, 본격적인 오찬이나 만찬 시에 적절한 시점에서 참석자들의 잔이 모두 채워지면 잔을 들어 건배를 제안한다. 이때 짤막한 건배사에 이어, « À votre santé ! (건강을 위하여!) » 또는 간략하게 « Santé ! »라고 선창하면, 나머지 참석자들은 건배 제의에 맞춰 복창으로 화답한다.

단어 및 표현

공식 만찬	banquet/dîner officiel
환영 칵테일	cocktail de bienvenue
환영 리셉션	réception de bienvenue
갈라 디너	dîner de gala
환송 만찬	dîner d'adieu
드레스 코드	code/tenue vestimentaire
잔을 들다	lever son verre
건배 제의를 하다	proposer un toast

29

공연을 시작하겠습니다.

Le spectacle va commencer.

기본 표현

1 곧 공연을 시작하겠습니다.

Le spectacle va commencer tout de suite.

2 이번에는 특별 공연을 감상하시겠습니다.

Nous avons le plaisir de vous présenter une performance exceptionnelle.

3 전통 무용단을 큰 박수로 맞이해주시기 바랍니다.

Veuillez applaudir bien fort l'équipe de danse traditionnelle.

응용 표현 1

1 이번 공연은 에투왈 씨가 연출하신 무대입니다.

Ce spectacle a été mis en scène par madame Étoile.

2 매우 아름다운 한국의 부채춤 공연입니다.

Voici un très beau spectacle de la danse coréenne des éventails.

3 이번에는 한국의 대학생들이 선보이는 난타 공연입니다.

Maintenant, le spectacle musical *Nanta* sera interprété par un groupe d'étudiants coréens.

4 이제 케이팝은 한국을 넘어 해외에서도 잘 알려져 있습니다.

La K-pop déborde aujourd'hui largement les frontières de la Corée du Sud.

5 오늘 공식 만찬은 케이팝 공연을 끝으로 모두 마치겠습니다.

La soirée officielle va se clôturer par un concert de K-pop.

6 멋진 공연이었습니다! 큰 박수 부탁드립니다.

Quelle performance fantastique ! Je vous invite à applaudir bien fort avec moi.

응용 표현 2

1 난타는 이제 전 세계적으로 인기 있는 공연이 되었습니다.

Le spectacle *Nanta* jouit d'une grande popularité aujourd'hui dans le monde.

2 오늘 저녁을 마무리하는 의미에서 케이팝 공연을 마련했습니다.

Pour clôturer la soirée, nous vous proposons un concert de K-pop.

3 이 무대는 세계적인 안무가이신 프티파 씨께서 준비하셨습니다.

Ce spectacle vous est présenté par madame Petitpas, chorégraphe de renommée internationale.

4 이제 한국의 독창적인 무용 공연을 감상하시겠습니다.

Vous allez découvrir l'originalité de la création coréenne à travers ce spectacle de danse.

5 한국과 프랑스의 만남과 우정을 상징하는 멋진 무대였습니다.

C'était un beau spectacle symbolisant la rencontre et l'amitié entre la Corée et la France.

6 멋진 무대를 꾸며주신 출연진 여러분께 다시 한번 따뜻한 감사의 박수를 보냅니다.

Encore une fois, un grand merci à tous nos artistes pour cette soirée extraordinaire !

TIPS

한국의 전통 악기

축하 공연에서 자주 볼 수 있는 우리의 국악이나 가요는 외국 청중에게 제대로 설명하기 어려운 분야에 해당한다. 알아두면 유용하게 쓸 수 있는 전통 악기의 프랑스어 표현은 다음과 같다.

<table>
<tr><td>관악기
(Instruments à vent
/ aérophones)</td><td>대금</td><td>Le daegeum : grande flûte traversière</td></tr>
<tr><td rowspan="3">현악기
(Instruments à cordes
/ cordophones)</td><td>해금</td><td>Le haegeum : violon à deux cordes aux sonorités intenses</td></tr>
<tr><td>가야금</td><td>Le gayageum : cithare coréenne à douze cordes</td></tr>
<tr><td>거문고</td><td>Le geomungo : instrument à six cordes dont on joue avec une baguette de bois</td></tr>
<tr><td rowspan="4">타악기
(Percussions
/ membranophones
et idiophones)</td><td>북</td><td>Le buk : tambour coréen</td></tr>
<tr><td>장구</td><td>Le janggu : percussion coréenne en forme de sablier</td></tr>
<tr><td>꽹과리</td><td>Le kkwaenggwari : percussion de cuivre ronde dont on joue avec une petite baguette</td></tr>
<tr><td>징</td><td>Le jing : percussion de cuivre ronde avec fond aux sonorités sublimes et douces</td></tr>
</table>

단어 및 표현

공연	performance, spectacle
안무	chorégraphie
연출	mise en scène
공동 제작	coproduction
부채춤	danse coréenne des éventails
탈춤	danse masquée
무용단	compagnie de danse
인간문화재	trésor humain vivant
무형문화재	patrimoine culturel immatériel

30

안녕히 가십시오.
내년에 뵙겠습니다.

Au revoir, à l'année prochaine.

기본 표현

1 안녕히 가십시오. 내년에 뵙겠습니다.

Bon retour. À l'année prochaine !

2 올해 회의 내용은 http://www.cfcdd.xxx에서 다시 보실 수 있습니다.

Vous pouvez revoir notre conférence de cette année sur http://www.cfcdd.xxx.

3 차기 회의는 파리에서 개최됩니다.

La destination de notre prochaine conférence sera Paris.

응용 표현 1

1 회의를 이렇게 훌륭하게 준비하시느라 수고 많으셨습니다.

Mes félicitations pour l'excellente préparation de cette conférence.

2 본 회의의 회의록은 우리 홈페이지에서 다운로드 받으실 수 있습니다.

Le compte rendu de cette réunion est téléchargeable sur notre site.

3 이 회의는 매년 한국과 프랑스에서 번갈아 개최될 예정입니다.

Nous allons organiser chaque année cette conférence alternativement en Corée et en France.

4 프랑스와 한국에서 번갈아 개최할 예정이므로, 2020년 회의 개최 장소는 파리입니다.

Accueillie alternativement en France et en Corée, cette conférence proposera une édition 2020 qui se déroulera à Paris.

5 이것으로 저는 회장직을 마치고, 차기 회장이신 올리비에 뒤부아 씨에게 회장직을 넘기도록 하겠습니다.

Je termine ma présidence et passe le relais à monsieur Olivier Dubois.

6 내년에 다시 뵙겠습니다. 안녕히 돌아가십시오.

Rendez-vous l'année prochaine et bon retour.

응용 표현 2

1 한국에서 체류하는 기간 내내 따뜻하게 배려해주신 주최국에 진심으로 감사의 말씀 드립니다.

J'adresse mes très sincères remerciements au pays hôte pour l'accueil chaleureux qui nous a été réservé tout au long de notre séjour en Corée.

2 이 회의를 통해 지속가능개발 영역의 새로운 협력 방안을 도출할 수 있었습니다.

Cette conférence nous a permis d'identifier de nouvelles possibilités de coopération en matière de développement durable.

3 이 회의의 기록관이신 스크리브 씨께서 작성하신 회의록은 2019년 4월 1일부터 받아보실 수 있습니다.

Le compte rendu de cette conférence rédigé par monsieur Scribe, notre rapporteur, sera disponible à partir du 1er avril 2019.

4 이 회의의 다양한 음성 및 동영상 파일의 다운로드 필드에 접속하기 위해서 우선 온라인으로 등록을 마치시기 바랍니다.

Afin d'accéder à l'espace de téléchargement des différents fichiers audio et vidéo de cette conférence, merci de vous inscrire en ligne.

5 번거로우시더라도 잠시 시간을 내시어 설문지 작성을 부탁드립니다. 더 알찬 내용으로 다음 행사를 준비하기 위함입니다.

Nous vous remercions par avance de bien vouloir prendre le temps de répondre au questionnaire. Il a pour objectif d'améliorer le contenu de notre prochaine conférence.

TIPS

'주기' 표현하기

정기적 행사나 사업의 시행 주기나 진행 기간을 나타낼 때 어떤 표현을 써야 할까? « hebdomadaire (주간) », « mensuel (월간) », « trimestriel (분기) », « semestriel (반기) », « annuel (연례) »로 표현하면 된다.
« bisannuel » 또는 « biennal »은 2년 주기를 의미하며, 우리가 잘 알고 있는 표현으로는 « Biennale (비엔날레) »가 있다.
경제개발5개년계획은 « le plan quinquennal du développement économique »로, 임기가 5년인 경우 « quinquennat »와 같은 표현을 알고 있으면 유용하게 사용할 수 있다.

단어 및 표현

회의록	compte rendu
의사록	procès-verbal
프로시딩	actes de la conférence
전사	transcription
전임/차기 회장	président(e) sortant(e)/entrant(e)
선출	élection
임명	nomination
지명	désignation
선출된 후보	candidat(e) élu(e)

2부

진행 사례:

한불지속가능개발위원회 출범회의

초대장

2019년 3월 2일과 3일에 개최되는 한불지속가능개발위원회 출범회의에 귀하를 정중히 초대합니다. 양일간 개최되는 이 회의는 여러 각도에서 지속가능한 개발을 조명하는 자리가 될 것입니다.

첫째 날은 일반인에게 공개되며, 둘째 날은 전문가들을 위한 자리로서, 주제 발표와 원탁회의로 구성되어 있습니다. 본 위원회는 이번 출범회의에 프랑스 총리님을 비롯한 여러 고위급 인사들을 모시고자 합니다.

두 차례의 본회의에서는 "지속개발이란 정확히 무엇인가?"와 "일상 속에서 실천할 수 있는 지속가능개발"이라는 두 가지 주제를 중심으로, 한불 협력을 강화하는 방안에 대해 논의할 것입니다. 또한 세 번에 걸쳐서 진행되는 원탁회의는 각각 "지속가능개발 분야 유망기술", "지속가능개발 증진을 위한 제도적 틀", "한불 협력: 지속가능한 세상을 향하여"라는 주제 하에, 구체적인 실천 계획을 도출하는 자리가 될 것입니다.

본 출범회의의 최종 문건인 "파리서울 선언문"은 2차 본회의에 회부되어 검토 후 채택될 예정입니다.

홈페이지(http://www.cfcdd.xxx)에 2019년 2월 21일까지 등록하시어 참석을 확인해주시면 감사하겠습니다. 자세한 내용은 저희 홈페이지를 참고해주시기 바랍니다.

Invitation

Le Comité franco-coréen du Développement durable (CFCDD) a le plaisir de vous inviter cordialement à sa conférence inaugurale les 2 et 3 mars 2019. Cette conférence de deux jours abordera la question du développement durable sous plusieurs aspects.

La première journée est ouverte au grand public et la seconde réservée aux spécialistes avec des séances de présentations et de tables rondes thématiques. Le CFCDD accueillera à cette occasion Monsieur le Premier ministre français ainsi que de nombreuses hautes personnalités.

Les deux séances plénières permettront d'échanger sur le renforcement de la coopération franco-coréenne autour de deux thématiques qui ont pour titre : « Le développement durable, qu'est-ce que c'est au juste ? » et « Le développement durable : les petits gestes au quotidien ». Les trois tables rondes, respectivement intitulées « Les technologies prometteuses en matière de développement durable », « Le cadre institutionnel pour promouvoir le développement durable » et enfin « La coopération franco-coréenne : vers un monde plus durable », vont permettre d'aboutir à des plans d'action concrets.

Le document final de la conférence, « la déclaration de PariSeoul », sera soumis lors de la seconde session plénière pour examen et adoption.

Nous vous remercions d'avance de bien vouloir nous confirmer votre présence en vous inscrivant avant le 21 février 2019 à l'adresse suivante : http://www.cfcdd.xxx. Pour de plus amples renseignements, veuillez consulter notre site.

회의 프로그램

3월 2일(토)	첫째 날
09:00-09:30	다과 및 등록
09:30-10:00	개회식 한국 측 의장 개회사 프랑스 측 의장 개회사 프랑스 측 총리 축사
10:00-10:15	한국 측 장관 기조연설
10:15-12:30	1차 본회의("지속가능개발이란 정확히 무엇인가?")
12:30-14:00	오찬
14:00-16:00	공개 세션 / 전시 부스 관람 | 1차 원탁회의 "지속가능개발 분야 유망기술"
16:00-17:00	질의응답 세션
17:00	첫째 날 회의 종료
17:30	공연 및 공식 만찬
3월 3일(일)	**둘째 날**
09:00-9:30	다과 및 등록
9:30-12:00	2차 원탁회의 "지속가능개발 증진을 위한 제도적 틀"
12:00-13:00	오찬
13:00-15:00	3차 원탁회의 "한불 협력: 지속가능한 세상을 향하여"
15:00-17:00	2차 본회의("일상 속에서 실천할 수 있는 지속가능개발")
17:00-17:30	원탁회의 보고서 제출 및 최종문건 작성
17:30-18:00	질의응답 세션
18:00-18:15	파리서울 선언문 채택
18:15-18:30	한국 측 의장 폐회사
18:30	폐회

Programme de la conférence

<table>
<tr><th>Samedi
2 mars</th><th colspan="2">Première journée</th></tr>
<tr><td>09:00-09:30</td><td colspan="2">Café d'accueil & Inscription</td></tr>
<tr><td rowspan="4">09:30-10:00</td><td colspan="2">Cérémonie d'ouverture</td></tr>
<tr><td colspan="2">Discours d'ouverture du président coréen du Comité</td></tr>
<tr><td colspan="2">Discours d'ouverture du président français du Comité</td></tr>
<tr><td colspan="2">Discours de félicitation du Premier ministre français</td></tr>
<tr><td>10:00-10:15</td><td colspan="2">Discours liminaire de la ministre coréenne</td></tr>
<tr><td>10:15-12:30</td><td colspan="2">Première session plénière
(« Le développement durable, qu'est-ce que c'est au juste ? »)</td></tr>
<tr><td>12:30-14:00</td><td colspan="2">Déjeuner</td></tr>
<tr><td rowspan="2">14:00-16:00</td><td>Journée ouverte au grand public</td><td rowspan="2">Première session de tables rondes
« Les technologies prometteuses en matière de développement durable »</td></tr>
<tr><td>Visite des stands</td></tr>
<tr><td>16:00-17:00</td><td colspan="2">Session de questions & réponses</td></tr>
<tr><td>17:00</td><td colspan="2">Fin de la journée</td></tr>
<tr><td>17:30</td><td colspan="2">Spectacle & Dîner officiel</td></tr>
<tr><th>Dimanche
3 mars</th><th colspan="2">Seconde journée</th></tr>
<tr><td>09:00-9:30</td><td colspan="2">Café d'accueil & Inscription</td></tr>
<tr><td>9:30-12:00</td><td colspan="2">Deuxième session de tables rondes
« Le cadre institutionnel pour promouvoir le développement durable »</td></tr>
<tr><td>12:00-13:00</td><td colspan="2">Déjeuner</td></tr>
<tr><td>13:00-15:00</td><td colspan="2">Troisième session de tables rondes
« La coopération franco-coréenne : vers un monde plus durable »</td></tr>
<tr><td>15:00-17:00</td><td colspan="2">Seconde session plénière
(« Le développement durable : les petits gestes au quotidien »)</td></tr>
<tr><td>17:00-17:30</td><td colspan="2">Soumission du compte rendu des tables rondes &
Rédaction du document final</td></tr>
<tr><td>17:30-18:00</td><td colspan="2">Session de questions & réponses</td></tr>
<tr><td>18:00-18:15</td><td colspan="2">Adoption de la déclaration de PariSeoul</td></tr>
<tr><td>18:15-18:30</td><td colspan="2">Discours de clôture du président coréen du Comité</td></tr>
<tr><td>18:30</td><td colspan="2">Fin de la conférence</td></tr>
</table>

한국 측 의장 개회사

존경하는 프랑스 총리님,
대한민국 지속가능개발부 장관님,
주한 프랑스 대사님,
산업계와 학계 대표 여러분,
신사숙녀 여러분,

저는 한불지속가능개발위원회의 공동의장으로서, 제1회 한불지속가능개발위원회 출범회의가 오늘 서울에서 개최되는 것을 매우 기쁘고 영광스럽게 생각합니다. 오늘 이 자리가 있기까지 지원을 아끼지 않고 노력해주신 올리비에 뒤부아 공동의장님께 감사의 말씀 드리고 싶습니다. 또한 창립회원 여러분께도 그동안 보여주신 노력과 소중한 제안에 심심한 감사의 인사를 드립니다.

작년 1월 파리에서 개최되었던 준비회의에 이어, 오늘 서울에서 우리 위원회의 출범을 축하하기 위해 여러분을 다시 만나게 되어 매우 기쁘게 생각합니다. 오늘은 그간 우리의 노력이 결실을 맺는 날입니다.

이틀에 걸쳐 개최되는 이 출범회의는 여러분의 끊임없는 노력, 그리고 더 많은 국민들에게 지속가능개발의 중요성에 대해 알리겠다는 여러분의 확고한 의지의 결실입니다.

일반 참석자도 얼마든지 즐길 수 있는 풍요롭고 다채로운 행사를 이 훌륭한 장소에 마련하였습니다. 수십 명의 민간 및 공공 분야 전문가와 대표들이 다양한 의견을 개진하고, 또 양일간 여러분의 질문과 의문점에 대해 성실하게

Discours d'ouverture du président coréen du Comité

Monsieur le Premier ministre de la République française,
Madame la Ministre du Développement durable de la République de Corée,
Son Excellence monsieur l'ambassadeur de la République française en Corée,
Mesdames et messieurs les représentants du monde de l'industrie et du monde académique,
Mesdames et messieurs,

En ma qualité de coprésident du Comité franco-coréen du Développement durable, je dois dire que c'est un immense honneur et un grand plaisir pour moi d'accueillir cette conférence inaugurale à Séoul. Je tiens à remercier de son soutien monsieur Olivier Dubois, le coprésident français de ce Comité, sans qui cette conférence n'aurait pas pu voir le jour. Je voudrais aussi remercier les membres fondateurs de ce Comité franco-coréen pour leur travail et leurs précieuses propositions.

Depuis la réunion préparatoire tenue à Paris au mois de janvier de l'an dernier, je suis ravi de vous voir tous réunis de nouveau à Séoul pour célébrer ensemble un moment fort : l'aboutissement de notre travail collectif.

Cette conférence inaugurale répartie sur deux jours est le résultat de votre travail sans relâche et de votre ferme volonté de promouvoir le développement durable auprès d'un public toujours plus grand.

Dans ce lieu exceptionnel, cette conférence ouverte au public vous

답하게 될 것입니다.

우리는 지속가능한 개발의 모든 측면에 대해 논의하고, 경청하고, 배우고, 이해하기 위하여 발표자와 참석자로서 이 자리에 모였습니다. 이를 위하여 두 차례의 본회의와 세 차례의 원탁회의를 마련하였습니다. 저는 양일간 진행될 토론과 토의에 거는 기대가 매우 큽니다.

한불지속가능개발위원회 공동의장으로서 마치기 전에 여러분께 두 가지 기쁜 소식을 전하고자 합니다.

우선, 저희의 공식 홈페이지가 개설되어 지난주부터 운영을 시작했습니다. 본 홈페이지는 한국어, 프랑스어, 그리고 영어로 제작되었으며, 저희의 모든 활동과 최신 소식들을 실시간으로 전해드릴 예정입니다.

두 번째 소식은 우리 만남의 정례화에 대한 것입니다. 이 연례회의는 매년 서울과 파리 양 도시에서 번갈아 개최될 것이며, 주제는 매해 양국에서 대중의 관심을 가장 많이 받고 있는 현안 중에서 선정될 것입니다.

이 자리에 참석하고 계신 발표자와 참석자 여러분을 만나 뵈니, 이 회의가 틀림없이 성공적인 회의가 될 것이며, 장기적이고 유익한 관계가 계속 이어질 것이라는 확신을 갖게 되었습니다.

다시 한번 여러분께 감사드리며 유익한 회의가 되기 바랍니다.

propose un programme riche et varié. Plusieurs dizaines d'experts et de représentants du secteur public et privé vont croiser leurs expertises et seront à votre disposition pendant ces deux jours pour répondre à toutes vos questions.

En tant qu'intervenants et participants, nous sommes réunis ici pour discuter, écouter, apprendre et comprendre tous les aspects du développement durable. Deux séances plénières ainsi que trois tables rondes thématiques sont prévues à cet effet. J'attends avec grand intérêt les débats et les discussions des prochains jours.

Avant de terminer, en tant que coprésident du Comité, j'ai le plaisir de vous annoncer deux bonnes nouvelles.

Premièrement, l'ouverture de notre site web officiel qui est déjà opérationnel depuis la semaine dernière. Grâce à ce site conçu en coréen, français et anglais, vous allez pouvoir suivre en temps réel toutes nos activités et les actualités les plus récentes.

Deuxièmement, l'institutionnalisation de notre rencontre. Cette conférence va se tenir annuellement et alternativement entre nos deux villes de Séoul et de Paris. Chaque année, nous allons choisir un sujet très actuel susceptible d'intéresser les deux pays en matière de développement durable.

Au vu de nos intervenants et de nos participants, j'ai toute raison de croire à la réussite de cette conférence qui ne marque que le début d'une longue et fructueuse collaboration.

Je vous remercie encore et vous souhaite une excellente conférence.

Discours d'ouverture du président français du Comité

Monsieur le Premier ministre,
Madame la Ministre,
Monsieur l'ambassadeur
Mesdames et messieurs,

C'est un réel et agréable plaisir pour moi de vous souhaiter la bienvenue à cette cérémonie d'ouverture de la conférence inaugurale du Comité franco-coréen sur le Développement durable.

Permettez-moi tout d'abord de remercier le Comité organisateur de la Corée de nous avoir accueillis si chaleureusement dans cette magnifique ville de Séoul. J'étais déjà venu à Séoul en 2012 lorsque j'étais professeur à l'Université de la Sorbonne et je suis particulièrement heureux d'y revenir.

Aujourd'hui, c'est l'urgence environnementale qui nous rassemble ici. La survie de la planète et de l'espèce humaine est menacée par les aléas climatiques qui se multiplient partout dans le monde.

Les scientifiques, les uns après les autres, ne cessent de tirer la sonnette d'alarme sur l'état de la planète qui est gravement malade. Par nos actes quotidiens, nous sommes tous responsables de sa maladie et, par conséquent, il nous incombe de trouver un remède en toute urgence pour ne pas léguer une terre trop malade aux générations futures.

Malheureusement, les perspectives écologiques de la planète sont plus que jamais moroses et c'est pourquoi il est dans nos intérêts d'agir

프랑스 측 의장 개회사

총리님,

장관님,

대사님,

내빈 여러분,

한불지속가능개발위원회 출범회의의 개회식에서 여러분께 환영 인사를 드리게 되어 매우 기쁘게 생각합니다.

우선, 아름다운 도시 서울에서 저희를 따뜻하게 환대해주신 한국 측 조직위원회에 감사의 말씀을 드리고 싶습니다. 저는 2012년 소르본대학 교수로 재직할 당시 서울을 방문한 적이 있었는데, 이렇게 다시 서울을 찾게 되어서 매우 기쁩니다.

오늘 우리가 이 자리에 모인 이유는 환경 문제의 시급성 때문입니다. 세계 도처에서 빈발하고 있는 기상이변으로 우리 지구와 인류의 생존이 위협받고 있습니다.

여러 학자들이 심각하게 병들어 있는 우리 지구의 상태에 대해서 끊임없이 경종을 울리고 있습니다. 우리 모두는 일상활동으로 지구를 병들게 한 것에 대한 책임이 있기 때문에, 너무나 병든 지구를 우리 후손들에게 물려주지 않기 위해서는 시급히 그 치료법을 찾아야 할 의무가 있습니다.

유감스럽게도 우리 지구의 환경 전망은 그 어느 때보다 암울하기에 이제는

au plus vite. À cet égard, il convient de nous réjouir de l'institution du Comité franco-coréen dédié au développement durable.

[...]

Avant de clore, permettez-moi de vous rappeler que la France et la Corée entretiennent depuis de très longues années d'excellentes relations bilatérales dans des secteurs d'activités variés. Le renforcement de la coopération dans le domaine de l'environnement dans le cadre du développement durable présente des perspectives prometteuses en raison de la qualité de la recherche et du développement ainsi que du niveau technologique de nos deux pays.

Cet événement, vous le savez déjà, est le résultat d'une année de travail intensif. En ma qualité de coprésident du Comité, je voudrais exprimer ma gratitude à toutes celles et à tous ceux qui n'ont pas ménagé leurs efforts et qui ont sacrifié leur précieux temps afin de rendre cette rencontre possible. Mes remerciements s'adressent tout d'abord au professeur Kim, le président coréen de ce Comité. Je voudrais également remercier vivement madame Laforêt, et je tiens aussi à remercier très chaleureusement madame Étoile.

Je suis convaincu que cette forte participation montre clairement notre volonté de nous tourner ensemble vers l'avenir et de construire un monde meilleur et durable pour les générations futures.

Je vous remercie sincèrement de votre aimable attention.

지체 없이 행동을 취해야만 합니다. 이런 맥락에서 지속가능개발을 전담하는 한불지속가능개발위원회의 출범을 매우 반갑게 생각합니다.

[…]

마치기에 앞서, 프랑스와 한국은 이미 오래전부터 다양한 분야에서 매우 훌륭한 양자 협력관계를 유지해오고 있다는 사실을 말씀드리고 싶습니다. 지속가능개발을 위한 환경 분야의 협력은 양국의 우수한 연구개발 능력과 기술력을 고려할 때 더욱 공고해지리라 믿어 의심치 않습니다.

아시는 바와 같이, 오늘 이 자리는 일 년간의 노고의 결과입니다. 공동의장으로서 오늘의 이 자리가 있기까지 그동안 많은 노력을 경주해주시고 소중한 시간을 투자해주신 많은 분들께 심심한 감사의 인사를 드리고 싶습니다. 우선 본 위원회의 한국 측 의장이신 김 교수님께 감사의 말씀을 드리고 싶습니다. 라포레 씨께도 감사의 말씀 드립니다. 또한 에투왈 씨께도 감사의 인사 전합니다.

여러분께서 이 자리에 이렇게 많이 참석해주신 것은 우리가 함께 미래지향적인 시각으로 더 나은 세계, 그리고 지속가능한 세계를 우리 후손들에게 물려주겠다는 확고한 의지의 표명이라고 생각합니다.

경청해주셔서 감사합니다.

Discours de félicitation du Premier ministre français

Madame la Ministre du Développement durable de la République de Corée,
Monsieur l'ambassadeur,
Messieurs les présidents du Comité franco-coréen du Développement durable,
Mesdames et messieurs,

Je suis très heureux d'être parmi vous aujourd'hui et de revenir à Séoul, pour un séjour malheureusement beaucoup trop bref, en réponse à l'invitation du Comité franco-coréen du Développement durable pour la cérémonie de lancement officiel du Comité.

Je voudrais tout d'abord exprimer ma gratitude au Comité d'organisation coréen pour cet accueil chaleureux qui nous a été réservé. Bravo pour cette préparation impeccable !

Il y a trois ans, la France et la Corée ont célébré, avec un succès retentissant, leur 130e anniversaire de relations diplomatiques. Les deux années croisées 2015 et 2016 — « l'année de la Corée en France » et « l'année de la France en Corée » — ont été riches de manifestations dans des secteurs aussi divers que l'environnement, les sciences et technologies, les cultures, les arts, la gastronomie pour n'en citer que quelques-uns. Et nous voici aujourd'hui réunis autour d'un thème qui nous est particulièrement cher : le développement durable.

Avec l'augmentation de la population mondiale, le mode de production et de consommation évolue à grande vitesse. Les activités humaines

프랑스 측 총리 축사

대한민국 지속가능개발부 장관님,

대사님,

한불지속가능개발위원회 두 분 의장님,

내빈 여러분,

저는 오늘 한불지속가능개발위원회의 초대로 위원회의 공식 출범을 알리는 개회식에 참석하여 이렇게 여러분과 함께하게 된 것을 매우 기쁘게 생각합니다. 또한, 안타깝게도 너무나 짧은 일정이긴 합니다만, 이렇게 서울을 다시 방문하게 되어 기쁩니다.

우선, 저희 모두를 따뜻하게 맞이해주신 한국 측 조직위원회에 감사의 인사를 드리고 싶습니다. 그리고 이렇게 완벽한 준비를 해주신 데 대해 찬사를 보냅니다.

3년 전, 한국과 프랑스는 한불수교 130주년을 성황리에 기념하였습니다. 2015년과 2016년에 진행된 "프랑스 내 한국의 해"와 "한국 내 프랑스의 해"를 통해 환경, 과학기술, 문화, 예술, 그리고 미식에 이르기까지 매우 다채로운 행사들이 성황리에 개최된 바 있습니다. 그리고 이제 우리는 지속가능개발이라는 매우 중요한 주제로 다시 그 만남을 이어가게 되었습니다.

세계 인구 증가와 함께 생산과 소비 행태는 매우 빠른 속도로 변화하고 있습니다. 인간의 활동은 천연자원을 고갈시키고 있으며, 우리 환경에 끊임없는 부담을 주고 있습니다.

épuisent les ressources naturelles et exercent des pressions constantes sur notre environnement.

Il est grand temps de repenser les conditions d'une croissance équilibrée, durable et inclusive au profit de tous. Votre mission en tant que professionnels du domaine du développement durable est de nous aider à remplir la mission de la génération actuelle. Car nous partageons tous une responsabilité morale de nous préoccuper de l'état de la planète que nous transmettrons aux générations futures.

Le défi à relever ensemble est considérable. Les solutions sont bien connues mais parfois difficiles à mettre en œuvre, soit en raison de l'envergure du programme, soit en raison des contraintes techniques, budgétaires ou encore juridiques. Mais je suis sûr qu'ensemble vous allez pouvoir élaborer et trouver des solutions efficaces à ces défis.

Au niveau gouvernemental, nous allons faire de notre mieux afin de faciliter l'échange et le partage d'informations entre les professionnels du secteur du développement durable des deux pays. À cette fin, je me réjouis de la signature d'un mémorandum d'entente sur la mobilité des professionnels, qui aura lieu cet après-midi au ministère du Développement durable de la République de Corée.

Je voudrais vous remercier d'avance de votre dévouement et c'est sur ces mots de remerciements que je voudrais souhaiter un beau succès à vos travaux.

Je vous remercie.

이제는 그 어느 때보다도 모두를 위한 균형 잡힌 성장, 지속가능한 성장, 그리고 포용적인 성장의 조건이 무엇인지 다시 한번 진지하게 생각할 때가 되었습니다. 지속가능개발 분야의 전문가인 여러분의 임무는 우리 모두의 사명을 다하도록 도와주시는 것입니다. 우리 현 세대는 후손에게 물려주게 될 지구를 잘 보살펴야 할 도덕적 책임을 모두 공유하고 있기 때문입니다.

우리 앞에 놓인 도전 과제는 실로 엄청납니다. 당연해 보이는 해결 방법도 사업의 규모 때문에, 기술적인 혹은 예산상의 문제 때문에, 그리고 법적인 제약 때문에 실천하기가 쉽지 않습니다. 그러나 여러분이 힘을 합친다면 효과적인 해법을 마련할 수 있을 것으로 믿어 의심치 않습니다.

정부 차원에서는 양국 지속가능개발 전문가들 간의 교류와 정보 공유를 용이하게 하기 위해 최선을 다할 것입니다. 이를 위하여 오늘 오후 한국지속가능개발부에서 전문가 교류에 관한 양해각서(MOU)에 서명하게 되어 더없이 기쁘게 생각합니다.

앞으로 계속 수고해주실 여러분께 미리 감사의 말씀을 드리며, 성공적인 회의가 되길 기원합니다.

감사합니다.

한국 측 장관 기조연설

내빈 여러분,

한불지속가능개발위원회의 공식 출범을 진심으로 축하드립니다. 또한 이런 특별한 자리에 저를 초대해주신 데 대해 감사의 말씀 드립니다. 또한 파리에서 먼 걸음 해주신 프랑스 측 대표단께도 감사드립니다.

여러분께서도 잘 아시는 것처럼, 지속가능개발은 “효율적 경제개발”, “환경적 지속가능성” 그리고 “사회 통합”이라는 세 영역을 아우르는 개념입니다. UN 브룬트란트 보고서에서는 “지속가능개발이란 미래 세대가 그들의 필요를 충족시킬 능력을 저해하지 않으면서, 현재 세대의 필요를 충족시키는 개발”이라고 정의하고 있습니다.

하지만 우리 지구의 상태를 볼 때 지속가능개발 목표를 달성하기에는 갈 길이 멀어 보입니다. 환경 분야만 보더라도, 자연재해와 인간의 활동으로 인한 지구 온난화가 세계 곳곳에서 계속 증가하고 있습니다.

한국도 예외일 수는 없습니다. 이미 몇 년 전부터 한국의 대기오염 수준은 국민 건강을 위협하고 있습니다. 발암성 초미세먼지는 호흡기 질환, 심혈관 질환, 뇌혈관 질환을 유발할 뿐 아니라, 조기사망의 주요 원인이 되고 있습니다. 통계에 따르면, 한국의 일부 대도시의 대기오염 수준은 흡연으로 인한 유해성에 근접하거나 그 이상이라고 합니다. 뿐만 아니라 한국은 지난 여름 기상 관측 이래 최고 기온을 기록했으며, 일각에서는 이것이 시작에 불과하다고 합니다.

Discours liminaire de la ministre coréenne

Mesdames et messieurs,

Permettez-moi tout d'abord de vous féliciter très sincèrement de l'inauguration du Comité franco-coréen du Développement durable. Je souhaite vous remercier également de m'avoir invitée à cet événement tout à fait significatif. Et je voudrais aussi exprimer ma gratitude à la délégation française qui a fait le déplacement depuis Paris.

Vous n'êtes pas sans savoir que le développement durable est un concept reposant sur trois piliers qui se recoupent : un développement économiquement efficace, écologiquement tolérable et socialement équitable. Selon la définition du rapport Brundtland de l'Organisation des Nations unies, « le développement durable est un développement qui répond aux besoins du présent sans compromettre la capacité des générations futures de répondre aux leurs propres ».

Mais la Terre où nous vivons aujourd'hui nous montre que nous sommes loin d'atteindre les objectifs du développement durable. À commencer par l'environnement, les catastrophes naturelles et le réchauffement climatique qui résulte de l'activité humaine ne cessent de se multiplier partout dans le monde.

Et la Corée ne fait pas exception. Elle connaît depuis plusieurs années un niveau de pollution de l'air qui menace la santé de la population coréenne. Les microparticules cancérogènes seraient responsables de maladies respiratoires, cardiovasculaires et cérébrovasculaires, et ainsi, de millions de décès prématurés. Selon les statistiques, la pollution

또 얼마 전에는 프랑스 남부에서 홍수로 인해 많은 인명과 재산상의 피해가 발생했다고 들었습니다. 이와 같은 구체적인 예들을 보며 지속가능개발의 중요성을 다시 한번 실감하게 됩니다.

이런 점에서, 저는 이번 회의가 교수, 연구원, 산업계 대표, 특히 양국의 일반인들도 참여할 수 있는 회의라 들어서 매우 반갑게 생각하고 있습니다. […] 우선 금번 만남의 중요성과 의미를 강조하고 싶습니다. […] 또한 이 자리를 빌려서 잘 알려지지 않은 사실에 대해서도 말씀드리고자 합니다. […] 그리고 마치기에 앞서, 지속가능한 개발이 우리 인류의 미래에 얼마나 중요한지에 대해 말씀드리겠습니다. […]

저는 여러분이 추진하시는 한국과 프랑스 간 지속가능개발 분야의 파트너십이야말로 진정한 변화를 가져올 수 있을 것이라 확신합니다. 양국 전문가들 간의 교류 정례화뿐만 아니라, 일반인, 특히 청년층에 대한 꾸준한 계몽활동을 통해서 우리가 지향하는 목표를 반드시 달성할 것이라 믿어 의심치 않습니다. 오늘과 같은 상징적인 만남을 계기로 앞으로 많은 결실이 맺어지기 바랍니다.

서울에서 머무시는 동안 유익한 시간 보내시길 바라며, 경청해주셔서 감사합니다.

atmosphérique dans certaines grandes villes coréennes serait aussi nocive, sinon plus, que le tabagisme. En outre, la Corée du Sud a connu l'été dernier la plus haute température jamais enregistrée et certains disent que ce n'est que le début.

J'ai appris aussi, il y a peu, que le Sud de la France avait été frappé par des inondations meurtrières faisant de nombreux morts et provoquant des dégâts matériels considérables. Ces exemples concrets nous invitent à repenser l'importance du développement durable.

Je me félicite à cet égard de savoir que cette conférence associe à la fois des universitaires, des chercheurs, des représentants du monde de l'industrie et surtout un public qui vient de nos deux pays et que je tiens à saluer chaleureusement. [...] Je désirerais tout d'abord souligner l'importance et la signification de cette rencontre. [...] Je voudrais ensuite profiter de cette occasion pour souligner un fait qui n'est pas suffisamment connu. [...] Permettez-moi enfin de vous dire, pour terminer mon propos, quelques mots sur l'importance du développement durable pour l'avenir de l'humanité. [...]

Je suis convaincue qu'un partenariat comme le vôtre peut faire une grande différence. Et ce, non seulement à travers l'institutionnalisation des échanges entre les experts de nos deux pays mais aussi par la sensibilisation continue auprès du public, surtout des jeunes. Je souhaite vivement que cette rencontre symbolique aboutisse à des résultats fructueux.

Je vous souhaite un agréable séjour à Séoul et vous remercie de votre aimable attention.

한국 측 의장 폐회사

장관님,

대사님,

참석자 여러분,

내빈 여러분,

이제 이틀간의 대장정을 마칠 때가 되었습니다. 한불지속가능개발위원회가 조직한 제1회 한불지속가능개발회의가 성공적으로 진행될 수 있도록 노력을 아끼지 않은 모든 분들께 감사의 말씀을 드리고 싶습니다.

어제 회의를 시작하면서 저는 여러분께 지속가능개발 사업에 더 많은 일반 국민, 특히 청년들의 참여를 장려할 수 있는 방안에 대해서 고민해달라는 부탁을 드렸습니다. 지구를 보호는 일은 우리 모두의 몫이고 한 사람 한 사람의 활동과 실천에 달려 있기에 사회 구성원 모두가 동참을 해야만 하는 것입니다.

여러분의 노력의 결과에 찬사를 보내고 싶습니다. 풍부하고 유익한 교류를 가능케 해주신 연사 여러분께 감사드립니다. 또 토의의 진행을 맡아주신 좌장 여러분께도 감사드립니다. 특히 적극적으로 참여해주신 일반 시민 여러분께도 진심으로 감사드립니다. 여러분 모두 덕분에 참으로 유익하고 흥미진진한 토의와 의견 교류가 가능했습니다.

우리가 풀어야 할 과제나 목표를 달성하는 과정에서 예고되는 많은 어려움을 생각할 때, 우리 모두의 동참이 필요하다는 것은 주지의 사실입니다.

Discours de clôture du président coréen du Comité

Madame la Ministre,
Son Excellence monsieur l'ambassadeur,
Mesdames et messieurs les participants,
Mesdames et messieurs,

Nous voici au terme de deux jours de travaux intenses. Qu'il me soit permis d'exprimer ici ma gratitude à tous qui avaient consenti d'énormes sacrifices pour le succès de cette importante rencontre qui s'inscrit dans le cadre de la première conférence franco-coréenne sur le développement durable organisée par le Comité franco-coréen du Développement durable.

Hier, en lançant cette conférence, je vous ai invités à réfléchir aux possibilités d'encourager une plus grande participation du public, notamment des jeunes, dans les initiatives concernant le développement durable. C'est toute la société qui doit se mobiliser car la protection de la planète, c'est l'affaire de tous et dépend avant tout des actions de chacun, des gestes au quotidien.

Je tiens à vous adresser mes félicitations pour le travail accompli. Je voudrais remercier tous les intervenants qui nous ont permis d'avoir des échanges à la fois riches et intéressants. Je tiens également à remercier les modérateurs d'avoir accepté d'animer nos débats. Et bien sûr, je remercie vivement le public de sa participation très active. Grâce à vous tous, les discussions et échanges ont été particulièrement fructueux et intéressants.

이 회의에서 결정한 계획이 실행으로 옮겨지도록 꾸준한 관심을 갖고 양국간 소통의 통로를 마련하여, 양국의 성과와 진척사항, 그리고 후속조치 내용을 항시 공유할 것을 부탁드립니다. 이를 위하여 우리는 작년 파리에서 개최된 준비회의에서 이 회의를 정례화하여 우리의 파트너십을 지속적으로 이어나가기로 결정하였습니다.

이 출범회의는 우리가 앞으로 이어나갈 협력관계의 시작일 뿐입니다. "파리 서울 선언문" 채택은 여러분의 굳은 의지를 보여주는 신호로 매우 자랑스럽게 생각합니다.

공식 폐회에 앞서 이번 행사 조직을 위해 애써주신 한불지속가능개발위원회 회원 여러분께 감사드리며 특히 수고해주신 뒤부아 공동의장님께 감사드립니다.

저도 앞으로 여러분의 활동을 아낌없이 지원할 것이며 항상 여러분의 고견에 귀 기울일 것입니다.

여러분의 건승을 기원하며, 한불지속가능개발위원회 출범회의의 공식적인 폐회를 선언하는 바입니다.

경청해주셔서 감사합니다. 모두 안녕히 돌아가십시오.

Les défis qui nous attendent et les difficultés qui se dressent sur le chemin à parcourir pour atteindre nos objectifs sont autant d'invitations à une plus grande mobilisation de tous dans l'action.

Je vous demande donc de veiller effectivement à la mise en œuvre de nos décisions et de mettre en place un processus de communication continue de part et d'autre, afin de partager les progrès et avancées accomplis de chaque côté et d'assurer le suivi de nos actions. Pour cela, nous avons décidé d'institutionnaliser cette rencontre et de pérenniser notre partenariat lors de la réunion préparatoire de Paris tenue l'an dernier.

Cette inauguration n'est donc que le début d'une coopération de longue haleine. L'adoption de « la déclaration PariSeoul » est un signe fort de votre engagement dans cette voie et j'en suis très fier.

Avant de clôturer officiellement cette conférence inaugurale, permettez-moi d'adresser tous mes remerciements aux membres du Comité franco-coréen pour l'organisation de cet événement et tout particulièrement à monsieur Dubois, notre coprésident, pour sa dédication.

Pour ma part, je voudrais vous assurer de mon soutien sans faille et de ma disponibilité à être à votre écoute.

En vous souhaitant bonne chance, je déclare clos les travaux de la réunion inaugurale du Comité franco-coréen du Développement durable.

Je vous remercie infiniment de votre attention et vous souhaite bon retour.

3부

“지속가능개발” 용어집

1
경제

경제 일반 Économie générale

선진국	m	pays développé/industrialisé
개발도상국	m	pays en développement
체제전환국	m	pays en transition
신흥국	m	pays émergent
후발개도국	m	pays moins avancé (PMA)
경제 전망	f	perspective/prévision économique
하향 조정	f	révision à la baisse
상향 조정	f	révision à la hausse
경제활동	f	activité économique
경제주체		acteur(trice)/agent(e) économique
공공부문	m	secteur public
민간부문	m	secteur privé
1차산업	m	secteur primaire
2차산업	m	secteur secondaire
3차산업	m	secteur tertiaire
국내총생산(GDP)	m	produit intérieur brut (PIB)

국민총생산(GNP)	m	produit national brut (PNB)
노동력	f	force de travail
노동시장의 유연성	f	flexibilité du marché du travail
노동시장의 경직성	f	rigidité du marché du travail
지행지표	m	indicateur retardé
동행지표	m	indicateur coïncident
선행지표	m	indicateur avancé
물가지수	m	indice des prix
소비자물가지수(CPI)	m	indice des prix à la consommation (IPC)
소비자심리지수	m	indice du sentiment des consommateurs
구매력	m	pouvoir d'achat
구매력 평가(PPP)	f	parité de pouvoir d'achat (PPA)
지니계수	m	coefficient/indice de Gini
제조업 구매관리자지수	m	PMI manufacturier
미시경제(학)	f	microéconomie
거시경제(학)	f	macroéconomie
계량경제학	f	économétrie
공식경제	f	économie formelle
비공식경제	f	économie informelle
지하경제	f	économie souterraine
금융경제(학)	f	économie financière
실물경제	f	économie réelle
규모의 경제	f	économie d'échelle
범위의 경제	f	économie d'envergure
지식경제	f	économie de la connaissance
암시장	m	marché noir
그레이마켓, 회색시장	m	marché gris
부동산시장	m	marché immobilier

주택시장	m	marché du logement
주식시장	m	marché boursier
자본시장	m	marché de capitaux
시장점유율	f	part de marché
유동성	f.pl	liquidités
상품, 재화	m	bien
서비스, 용역	m	service
공급	f	offre
수요	f	demande
경제력, 경제대국	f	puissance économique
금융기관	m/f	établissement/institution financier(ère)
통화량	f	masse monétaire
공공재정	f.pl	finances publiques
공공부채	f	dette publique
공공지출	f	dépense publique
재정 적자	m	déficit budgétaire
재정 균형	m	équilibre financier
재정 불균형	m	déséquilibre financier
대변, 대출, 신용	m	crédit
담보대출	m	crédit hypothécaire
무담보대출, 신용대출	m	crédit à découvert
차변, 인출	m	débit
외채	f	dette extérieure
국가부채	f	dette souveraine
신용평가기관	f	agence de notation
국가신용등급	f	note souveraine
부채 상환	m	désendettement
원리금 상환	m	service de la dette

이자비용	f	charge de la dette
대출, 융자	m	prêt, emprunt
채권자		créditeur(trice), créancier(ère)
채무자		débiteur(trice)
금리, 이자율	m	taux d'intérêt
저축률	m	taux d'épargne
채무이행능력	f	solvabilité
채무불이행	f	insolvabilité
지불유예	m	moratoire
온라인대출	m	prêt en ligne
무수익여신	m	prêt non performant
부실채권	f	créance douteuse
부동산 버블	f	bulle immobilière
보급률	m	taux d'équipement
변동	f	fluctuation, volatilité
현물로	f	en nature
현금으로	m	en numéraire
생산성 향상	m.pl	gains de productivité
원금	m	capital
투자	m	investissement, placement
기관투자자	m	investisseur institutionnel
외국인직접투자	m	investissement direct étranger (IDE)
투자수익률	m	retour sur investissement
신용경색	f	contraction du crédit
가계	m	ménage
생활수준	m	niveau de vie
공기업	f	entreprise publique
기회비용	m	coût d'opportunité

수확체감의 법칙	f	loi des rendements décroissants
지렛대 효과	m	effet de levier
연구개발(R&D)	f/m	recherche et développement
타당성 조사	f	étude de faisabilité
계약조건명세서, 시방서	m	cahier des charges

경제개발정책 Politique du développement économique

계획경제	f	économie planifiée
시장경제	f	économie de marché
간섭주의, 개입주의	m	interventionnisme
자유방임주의	m	laissez-faire
자본주의	m	capitalisme
자유경쟁	f	libre concurrence
고전학파	f	école classique
신고전주의 경제학	f	économie néo-classique
케인즈학파	m	keynésianisme
경제정책	f	politique économique
재정정책	f	politique budgétaire
조세정책	f	politique fiscale
금융정책	f	politique financière
무역정책	f	politique commerciale
통화정책	f	politique monétaire
환율정책	f	politique de taux de change

경쟁정책	f	politique de la concurrence
긴축정책	f	politique restrictive/d'austérité
확장정책	f	politique expansionniste
경기부양책	f	mesure de relance
5개년 개발로드맵	f	feuille de route quinquennale
전후 재건	m	redressement après guerre
재건	f	reconstruction
성장동력	m	moteur de croissance
중공업	f	industrie lourde
경공업	f	industrie légère
수출중심 성장	f	croissance tirée par les exportations
내수중심 성장	f	croissance tirée par la consommation/ la demande intérieure
임금주도 성장	f	croissance tirée par les salaires
소득주도 성장	f	croissance tirée par les revenus
핵심/유망 분야	m	secteur-clé, secteur prometteur
경제개혁	f	réforme économique
구조개혁	f	réforme structurelle
시장 개방	f	ouverture du marché
규제	f	réglementation
규제 철폐	f	déréglementation
민영화	f	privatisation
국영화	f	nationalisation
양적 완화	m	assouplissement quantitatif
통화 발행	f	émission de la monnaie
단일통화, 단일화폐	f	monnaie unique
강세통화	f	devise forte
약세통화	f	devise faible

통화의 평가절상	f	réévaluation/appréciation de la monnaie
통화의 평가절하	f	dévaluation/dépréciation de la monnaie
국제경쟁력	f	compétitivité internationale
보조금 지급	m	octroi de subventions
(생산기지) 이전	f	délocalisation
시장진입장벽	f	barrière à l'entrée du marché
독점	m	monopole
과점	m	oligopole
독점금지법	f	règle anti-monopole

경기와 실업 Conjoncture économique et Chômage

경제 성장	f	croissance économique
견실한 성장	f	croissance robuste
완만한 성장	f	croissance modeste
저성장	f	croissance faible
마이너스 성장	f	croissance négative
고용 없는 성장	f	croissance sans emploi
실질 성장	f	croissance réelle
명목 성장	f	croissance nominale
연평균 성장률	f	croissance annuelle moyenne
세계경제 성장	f	croissance mondiale
경제 사이클	m	cycle économique
경기	f/m	conjoncture/climat économique

경제 확장	f	expansion économique
경제 도약	m	élan
발전	m	progrès
번영, 발전	f	prospérité
회복	m	redressement
반등	m	rebond
경기 과열	f	surchauffe
경제활동 재개	f	reprise des activités économiques
둔화	m	ralentissement
침체	f	récession
위축	f	contraction
악화	f	dégradation, détérioration
공황, 불황	f	dépression
외환위기	f	crise de changes
경제금융위기	f	crise économique et financière
물가 상승/폭등	f	augmentation/flambée des prix
물가 안정	f	stabilité des prix
물가 압박	f	pression sur les prix
생활비	m	coût de la vie
국제시세 하락	f	baisse du cours mondial
국제시세 상승	f	hausse du cours mondial
인플레이션	f	inflation
디플레이션	f	déflation
디스인플레이션	f	désinflation
스태그플레이션	f	stagflation
내수	f	demande intérieure
불확실성	f	incertitude
선순환	m	cercle vertueux

악순환	m	cercle vicieux
낙관주의	m	optimisme
비관주의	m	pessimisme
분기	m	trimestre
반기	m	semestre
실업자		chômeur(euse), sans-emploi
실업률	m	taux de chômage
구직	f	demande d'emploi/de travail
구인	f	offre d'emploi
기술적 실업	m	chômage technologique
자연실업	m	chômage naturel
경기적 실업	m	chômage conjoncturel
구조적 실업	m	chômage structurel
마찰적 실업	m	chômage frictionnel
계절적 실업	m	chômage saisonnier
청년실업	m	chômage des jeunes
완전고용	m	plein-emploi
불완전고용	m	sous-emploi

무역 Commerce

국제무역	m	commerce international
자유무역	m	libre-échange
교역량	m	volume des échanges

교역액, 무역액	f	valeur des échanges
경쟁우위	m	avantage compétitif
비교우위	m	avantage comparatif
절대우위	m	avantage absolu
특화	f	spécialisation
상품의 자유로운 이동	f	libre circulation des marchandises
보호(무역)주의	m	protectionnisme
보호무역조치	f	mesure protectionniste
교역상대		partenaire commercial(e)
고객, 수입국		client(e)
공급자, 수출국		fournisseur(euse)
수출	f	exportation
수입	f	importation
균형	m	équilibre
불균형	m	déséquilibre
적자	m	déficit
흑자	m	excédent
국제수지	f	balance des paiements
경상수지	f	balance des paiements courants
무역수지	f	balance commerciale
관세	m	tarif douanier, droit de douane
관세동맹	f	union douanière
관세 인하	m	abaissement des droits de douane
관세 철폐	f	élimination des droits de douane
관세장벽	f	barrière tarifaire
비관세장벽	f	barrière non tarifaire
통관	m	dédouanement
면세구역	f	zone franche/hors taxe

배타적 경제수역	f	zone économique exclusive
교섭, 협상	f	négociation
무역갈등	m	conflit commercial
통상마찰	f	friction commerciale
무역제재	f	sanction commerciale
무역전쟁	f	guerre commerciale
세계무역기구(WTO) 규범	f.pl	règles de l'Organisation Mondiale du Commerce (OMC)
위생 조치	f.pl	mesures sanitaires
식물위생 조치	f.pl	mesures phytosanitaires
제한 조치	f	mesure restrictive
양적 제한	f	limitation quantitative
쿼터	m	contingent, quota
원산지 증명	m	certificat d'origine
원산지 표시	f	indication de provenance
기술표준	f	norme technique
내국민 대우	m	traitement national
최혜국 조항	f	clause de la nation la plus favorisée
도하라운드(뉴라운드)	m	cycle de Doha
우루과이라운드	m	cycle d'Uruguay
국가주권	f	souveraineté nationale
투자보장협정	m	accord sur la garantie et la protection des investissements
이중과세방지협정	m/f	accord/convention de non-double imposition
신용장	f	lettre de crédit
본선인도(FOB)		franco à bord (FAB)
운임보험료포함인도(CIF)		Coût, Assurance, Fret (CAF)

세제 Fiscalité

세제	f/m	fiscalité, système fiscal
국세	m	impôt national
지방세	m	impôt régional
직접세	m	impôt direct
간접세	m	impôt indirect
소득세	m	impôt sur le revenu
법인세	m	impôt sur les sociétés
양도소득세	m	impôt sur le gain en capital
부유세	m f	impôt de solidarité sur la fortune (ISF), supertaxe
상속세	m	droit de succession
증여세	m	droit de donation
부가가치세	f	taxe à la valeur ajoutée (TVA)
환경세	f	écotaxe
설탕세	f	taxe soda
체류세	f	taxe de séjour
취득세	f	taxe d'acquisition
누진세	f	taxe progressive
사용료	f	redevance
납세자		contribuable
과세율	m	taux d'imposition
과세표준	f	assiette de l'impôt
소득신고	f	déclaration de revenu
과세소득	m	revenu imposable
증빙	m	justificatif

원천징수	m	prélèvement à la source
세액공제	m	crédit d'impôt, déduction fiscale
세제혜택	m.pl	avantages fiscaux
세금 면제, 면세	f	exonération/exemption fiscale
유인책	f	mesure incitative
억제책	f	mesure dissuasive
조세피난처	m	paradis fiscal
탈세	f	fraude fiscale
세금 포탈	f	évasion fiscale
돈세탁	m	blanchiment d'argent
국고	m	Trésor public
국세청	m/f	fisc, administration fiscale
세입	f	recette fiscale
세출	f	dépense fiscale
세제개혁	f	réforme fiscale
회계년도	f	année fiscale
과세년도	f	année d'imposition
상한선	m	plafond
하한선	m	plancher

생산과 소비 Production et Consommation

생산자		producteur(trice)
소비자		consommateur(trice)

프로슈머		prosommateur(trice)
제조업, 제조부문	m	secteur manufacturier
공장	f	usine
생산시설	m/f	site/unité de production
생산요소	m	facteur de production
산업생산	f	production industrielle
제품수명	f	durée de vie d'un produit
생애주기	m	cycle de vie
계획적 구식화/진부화	f	obsolescence programmée
생산원가	m	coût de production
제조단가	m	coût unitaire de fabrication
인건비	m	coût salarial
인력	f	main-d'œuvre
원가	m	prix de revient
순이익	f	marge nette
외주	f	externalisation
하청, 하도급	f	sous-traitance
발주(처)		donneur(euse) d'ordre
제조공정	m	procédé de fabrication
제품설계, 디자인	f	conception d'un produit
부품	f	pièce détachée, composante
가공	f	transformation
상업화	f	commercialisation
A/S 서비스	m	service après-vente (SAV)
부가가치	f	valeur ajoutée
공급망	f	chaîne d'approvisionnement
공급망 관리(SCM)	f	gestion de la chaîne logistique
제조사		fabricant(e)

도매상		grossiste
유통업체		distributeur(trice)
소매상		détaillant(e)
대형마트	f	grande surface
물류센터	m	centre de logistique
재고, 보유고	m	stock, inventaire
재고 감소	f	diminution/réduction du stock
재고 회전	f	rotation des stocks
원자재	f	matière première
중간재	m	bien intermédiaire
대체제	m	bien de substitution
생산재	m	bien de production
투자재	m	bien d'investissement
자본재	m	bien d'équipement
소비재	m	bien de consommation
완제품	m	produit fini
신선식품	m	produit frais
콜드체인	f	chaîne du froid
직거래, 짧은 유통	m	circuit court
가격 고시	m	affichage des prix
실용신안	m	modèle déposé
등록상표	f	marque déposée
허위광고	f	publicité trompeuse/mensongère
상품 위변조	f	falsification du produit
모조품	m	produit contrefait
법 위반	f	infraction à la loi
리콜	m	rappel
회수	m	retrait

고소, 고발	m/f	dépôt de plainte, poursuite en justice
소송	m	litige, procès
중재, 조정	f	médiation
집단소송제	f/m	action de groupe, recours collectif
소비자 보호	f	protection du consommateur
소비자 소원/구제	m	recours du consommateur
소비자단체	f/m	association/groupe de consommateurs
소비자운동	m	consumérisme
제조물 책임	f	responsabilité du fait des produits défectueux
징벌적 손해배상	m.pl	dommages-intérêts exemplaires, dommages punitifs
과시적 소비	f	consommation ostentatoire

기업 Entreprise

기업	f	entreprise
법인	f	personne morale
자연인	f	personne physique
유한책임회사	f	société anonyme à responsabilité limitée (SARL)
주식회사	f	société anonyme (SA)
법인 설립	f	constitution d'une société
주식회사 설립	f	création de sociétés par action
상장법인	f	entreprise cotée en Bourse
비상장법인	f	entreprise privée

스타트업	f	start-up
중소기업	f.pl	petites et moyennes entreprises (PME)
대기업	f	grande entreprise
다국적기업	f	entreprise/firme multinationale
재벌기업	m	conglomérat, chaebol
기업주, 오너		propriétaire de l'entreprise
최고경영자(CEO)		président(e) directeur(trice) général(e) (PDG)
경영인		dirigeant(e), gérant(e)
경영	f	gestion
본사	m	siège social
지사	f	succursale
모회사	f	société mère
자회사	f	filiale
시가총액	f	capitalisation boursière
실적	f	performance
일반기업회계	f	comptabilité générale
대차대조표	m	bilan
손익계산서	m	compte des profits et pertes
재무재표	m	compte de résultat
연결재무재표	m.pl	comptes consolidés
사업연도종료	f	clôture de l'exercice
매출액	m	chiffre d'affaires
이익, 이윤	m/f	bénéfice, marge bénéficiaire
손실	f	perte
수익성, 채산성	f	rentabilité, profitabilité
손익분기점	m	seuil de rentabilité
자본금	m	capital social
자기자본	m.pl	capitaux/fonds propres

자기자본대비 부채비율	m	ratio d'endettement sur fonds propres
자산	m	actif
유동자산	m	actif liquide
고정자산	m	actif fixe
유형자산	m	actif corporel
무형자산	m	actif incorporel
증자	f	augmentation de capital
부채	m	passif
고정부채	f	dette fixe
증권거래위원회	f	commission des opérations de bourse
유가증권	f	valeur mobilière
주식	f	action
상장주	f	action cotée
기명주	f	action nominative
무기명주	f	action au porteur
우선주	f	action prioritaire/privilégiée
채권	f	obligation
금융채	m	titre financier
영업비용	f	charge d'exploitation
정액감가상각	m	amortissement linéaire
정률감가상각	m	amortissement dégressif
감가상각	f	dépréciation
자기금융	m	autofinancement
지급보증	f	garantie de paiement
시장진입	m	accès au marché
상호출자	f	participation croisée
합작사업	f	joint venture (JV), opération conjointe
사업다각화	f	diversification des activités

최초주식공모, 기업공개(IPO)	f	offre publique initiale
증시 상장	f	introduction en Bourse
전략적 제휴	f	alliance stratégique
회계기준	f.pl	règles comptables
분식회계	f/m	fraude comptable, habillage de compte
감사	m	audit
이사회	m	conseil d'administration
주주총회	f	assemblée générale des actionnaires
소집	f	convocation
배당금	m	dividende
특허	m	brevet
지식재산권	m	droit de propriété intellectuelle
영업비밀	m	secret des affaires
인원	m.pl	effectifs
인사관리	f	gestion des ressources humaines
승진	f	promotion
강등, 좌천	f/m	démotion, limogeage
상사		supérieur(e)
부하		subordonné(e)
정관	m	statut
내규	m	règlement intérieur
병가	m	arrêt maladie
결근	m	absentéisme
기업메세나, 예술후원자	m	mécénat
업무협약, 양해각서(MOU)	m	mémorandum d'entente
의향서(LOI)	f	lettre d'intention
CI	f	identité d'entreprise
구조조정	f	restructuration

인수합병(M&A)	f.pl	fusions et acquisitions
적대적 인수	f	acquisition hostile
우호적 인수	f	acquisition amicale
부도, 파산	f	banqueroute, faillite
청산	f	liquidation
(기업) 인수	f/m	reprise, rachat
양도, 매각	f	cession
분할, 분사	f	scission
수의계약	m	contrat à l'amiable
경쟁입찰	m	appel d'offre

공정무역과 기업의 사회적 책임
Commerce équitable et Responsabilité sociétale des entreprises

지속가능개발	m	développement durable
공정무역	m	commerce équitable
전통무역	m	commerce conventionnel
공정무역상품	m	produit équitable
형평성	f	équité
불평등 해소	f	réduction des inégalités
투명성	f	transparence
이력제, 추적 가능성	f	traçabilité
정당한 가격	m	prix juste
강제노역	m	travail forcé

민주적인 운영	m	fonctionnement démocratique
의사결정 참여	f	participation aux décisions
환경영향	m	impact environnemental
녹색상품과 서비스	m.pl	produits et services verts
위험(유해)물질 사용 금지	f	interdiction des substances dangereuses
천연자원 남용	f	surexploitation des ressources naturelles
포장	m	emballage, conditionnement
영세농		petit(e) producteur(trice)
생산자 복지	m	bien-être des producteurs
부국	m.pl	pays riches, pays du Nord
빈국	m.pl	pays pauvres, pays du Sud
계몽 캠페인	f	campagne de sensibilisation
파트너십	m	partenariat
생산과정	m	processus de production
생산공정	m	procédé de production
공정무역상품 인증	f	certification des produits équitables
표시	f/m	labellisation, étiquetage
현지농업	f	agriculture locale
원주민	f	population autochtone
현지 고용	m	emploi local
경제적인 안정	f	sécurité économique
자립	f	autonomisation
기업의 사회적 책임	f	responsabilité sociétale des entreprises (RSE)
기득권	m	droit acquis
공익	m	intérêt public
비재무적 평가	f	notation extra-financière
ESG(환경, 사회, 지배구조) 기준	m.pl	les critères ESG (Environnementaux, Sociaux et de Gouvernance)

사회책임 투자(SRI)	m	investissement socialement responsable (ISR)
투자 포트폴리오	m	portefeuille d'investissement
현행법규 준수	m	respect des lois en vigueur
관행의 공정성	f	loyauté des pratiques
베스트 프랙티스, 모범경영	f.pl	bonnes pratiques
생태학적 회복력	f	résilience écologique
환경경영	m	management environnemental
환경 리스크	m.pl	risques environnementaux
환경친화적 제품	m	produit respectueux de l'environnement
윤리	f	éthique
고용 창출	f	création d'emploi
평판 리스크	m	risque réputationnel/de réputation
기업이미지 실추	f	image ternie d'une entreprise
부정부패 퇴치	f	lutte contre la corruption
불공정경쟁	f	concurrence déloyale
이해당사자	f.pl	parties prenantes
협업자, 조력자		collaborateur(trice)
공익제보자, 내부고발자		lanceur(euse) d'alerte
부정청탁금지법	f	loi anticorruption
부패인식지수	m	indice de perception de la corruption
자금 유용	m	détournement de fonds
청렴	f	intégrité
직업윤리	f	déontologie
주의의무	m	devoir de vigilance
감시/감독 조치	f	mesure de surveillance
거버넌스	f	gouvernance
건강 악화	f	dégradation de la santé humaine
과로	f	surcharge de travail

투명한 결제	m	paiement transparent
구체적 행동	f	action concrète
지역공동체	f	communauté locale
관할법정, 관할법원	m	tribunal compétent
이해 충돌/상충	m	conflit d'intérêt

세계화 Mondialisation

세계화	f	mondialisation
반세계화	f	antimondialisation
탈세계화	f	démondialisation
대안세계화	f	altermondialisation
자유주의	m	libéralisme
신자유주의	m	néolibéralisme
초자유주의	m	ultralibéralisme
금융자본주의	m	capitalisme financier
항의	f	protestation
시위	f	manifestation
세계시장	m	marché mondial
금융문해	f	éducation financière
금융 세계화	f	globalisation financière
금융시장 자유화	f	libéralisation des marchés financiers
운용자산	m	actif sous gestion
고수익 투자	m	placement rémunérateur

투기	f	spéculation
헤지펀드	m.pl	fonds spéculatifs/de couverture
투기 버블	f	bulle spéculative
소버린 펀드	m.pl	fonds souverains
사모펀드	m	capital-investissement
파생상품	m	produit dérivé
분산투자	f	diversification des placements
위험투자	m	placement à risque
현지기업 인수	m	achat d'une entreprise locale
해외법인 설립	f	création d'une entreprise à l'étranger
국제자금 흐름	m.pl	flux financiers internationaux
자본의 유입	f	entrée de capitaux
자본의 유출	f	sortie de capitaux
외국자본	m.pl	capitaux étrangers
원자재 가격변동	f	fluctuation du cours des matières premières
수익성 최적화	f	optimisation de la rentabilité
채무불이행	f	défection des débiteurs
지불능력 리스크	m	risque de solvabilité
시스템적 리스크	m	risque systémique
서브프라임 위기	f	crise des subprimes
증시 폭락	m	krach boursier
은행 위기	f	crise bancaire
결탁	f	collusion
대마불사		trop grand pour chuter
도덕적 해이	m	aléa moral
상호의존성	f	interdépendance
도미노 효과	m	effet domino
소액예금주	m.pl	petits épargnants

전염	f	contagion
건전성 규제	f	réglementation prudentielle
금융시스템 감독	f	surveillance du système financier
제3세계	m	pays du tiers monde
승자		gagnant(e)
패자		perdant(e)
차익거래	m	arbitrage
정보의 비대칭성	f	asymétrie d'information
찬성론자		partisan(e)
반대론자		adversaire
감독기관	m	organe de supervision
규제당국	m	régulateur
시정조치	f	action corrective
국가간 거래	f	opération transnationale

공유경제 Économie collaborative

공유경제	f	économie collaborative/du partage
전통적 기업	f	entreprise traditionnelle
전통적 (경제)활동	f	activité traditionnelle
전통적 소비모델	m	modèle de consommation classique
새로운 사회경제적 모델	m	nouveau modèle socioéconomique
집단 지성	f	intelligence collective
개인		particulier(ère)

P2P (사용자간)	m	pair à pair
사용	m	usage
소유	f	possession
재활용	m	recyclage
재사용	m	réemploi
저활용	f	sous-utilisation
공유	m	partage
교환	m	échange
물물교환	m	troc
소셜네트워크, 사회망	m	réseau social
모바일 앱	f	application mobile
중개	f	intermédiation
탈중개화	f	désintermédiation
디지털 플랫폼	f	plateforme numérique
디지털 노동	m	travail numérique
협업 소비	f	consommation collaborative
차량공유서비스, 카쉐어링	m	autopartage
카풀	m	covoiturage
공유임대	f	colocation
공동급식	f	corestauration
공동주택	m	habitat collectif
참여주택, 공동체주택	m	habitat participatif
공동주거	m	habitat groupé
임차인		locataire
임대인		propriétaire
임차계약서	m	bail de location
크라우드펀딩	m	financement participatif, crowdfunding
디지털 제조	f	fabrication numérique

지식 공유	m	partage de connaissance
공동배송	f	livraison collaborative
추가수입	m	complément de revenu
정보의 투명성	f	transparence d'information
비차별주의	f	non-discrimination
보상방법, 지불방법	m	mode de rémunération
요율	f	tarification
정액제	m	forfait
가격 담합	f	fixation des prix
서비스에 대한 평가	f	notation des prestations
악플	m	commentaire malveillant
익명, 익명성	m	anonymat
가명, 닉네임	m	pseudonyme
재가서비스	m	service à domicile
맞춤형 서비스	m	service personnalisé
우버화	f	ubérisation
허위문서	m	faux document
신분 도용	f	usurpation d'identité
광고 사기	f	fraude publicitaire
온라인 사기	f	fraude en ligne
악성 프로그램	m	programme malveillant
피싱	m	phishing, hameçonnage
해킹	m	piratage
데이터 조작	f	manipulation des données
데이터 삭제	f	suppression des données
데이터 저장	m	stockage des données
데이터의 기밀성	f	confidentialité des données
암호화	m	chiffrement

암호 해독	m	déchiffrement
비밀번호	m	mot de passe
인증	f	certification
인허가	f	autorisation, homologation
보안	f	sécurité
아동청소년 보호	f	protection des mineurs
홈페이지	f	page d'accueil
블로그	m	blog
휴면계정	m	compte inactif
사용자의 프로필	m	profil d'utilisateur
파일 공유	m	partage de fichier
다운로드	m	téléchargement
침입	f	intrusion
부인봉쇄	f	non-répudiation
검색엔진	m	moteur de recherche
검색결과	m	résultat de recherche
잊혀질 권리	m	droit à l'oubli
검색제외요청 권리	m	droit au déréférencement

2
사회

인구 Démographie

인구	f	population
인구통계(학)	f	démographie
출산, 출생	f	naissance
사망	m	décès
인구 전망	f	projection démographique
인구 증가	f	croissance démographique
인구 감소	f/m	décroissance/déclin démographique
인구밀도	f	densité démographique
인구배당	m	dividende démographique
인구폭발	f	explosion démographique
인구절벽	m	effondrement/crash démographique
인구전환	f	transition démographique
인구대체, 세대대체	m	renouvellement/remplacement des générations
인구대체수준	m	seuil de renouvellement
지수적/기하급수적 증가	f	croissance exponentielle
산술적 증가	f	croissance arithmétique

존속		ascendant(e)
비속		descendant(e)
출산율	m	taux de fécondité
출생률	m	taux de natalité
혼인율	m	taux de nuptialité
사망률	m	taux de mortalité
인구의 자연증가율	m	taux d'accroissement naturel
인구센서스	m	recensement de la population
이농	m	exode rural
남녀 성비	m	rapport des sexes
인구피라미드	f	pyramide des âges
대가족	f	famille nombreuse
핵가족	f	famille nucléaire
베이비붐 세대	f	génération du baby-boom
평균수명	f	durée moyenne de vie
기대수명	f	espérance de vie à la naissance
건강수명	f	espérance de vie en bonne santé
이주, 인구이동	f	migration
이민(이입)	f	immigration
이민(이출)	f	émigration
순인구 유입	m	solde migratoire
이주인구	m	flux migratoire
이주민		migrant(e)
비호권	m	droit d'asile
귀화	f	naturalisation
외국인혐오증	f	xénophobie
속지주의	m	droit du sol
속인주의	m	droit du sang

자국민		ressortissant(e)
국민		concitoyen(ne), compatriote
주민		habitant(e)
무국적자		apatride
소수민족	f	minorité ethnique
가구의 크기	f	taille des ménages
일인가구	m	ménage d'une seule personne
한부모가족	f	famille monoparentale

고령화 Vieillissement

고령화	m	vieillissement de la population
고령화사회	f	société vieillissante
고령사회	f	société vieillie
초고령사회	f	société hyper-vieillie
노인	f	personne âgée
노후, 노령	f	vieillesse
노화	m/f	vieillissement, sénescence
수명, 장수	f	longévité
백세노인, 백수		centenaire
수명 연장	f/m	progression/allongement de la durée de vie
장애	f/m	incapacité, handicap
보건의료비 지출	f	dépense de santé
외로움, 고립감	f/m	solitude, isolement

무용감	m	sentiment d'inutilité
무력감	m	sentiment d'incapacité
연령차별주의	m	âgisme
노년학	f	gérontologie
노인의학	f	gériatrie
퇴행성질환	f	maladie dégénérative
신체적 쇠퇴/약화	f	dégradation physique
퇴화	f	dégénérescence, déchéance
운동능력	f	capacité motrice
인지능력	f	capacité cognitive
노인성 치매	f	démence sénile
기억력 장애	m	trouble de la mémoire
자율성 상실	f	perte d'autonomie
수면장애	m	trouble du sommeil
낙상	f	chute
노인(복지)서비스	m	service aux personnes âgées
노인 부양	f	prise en charge des personnes âgées
장기요양시설	m	établissement de soins de longue durée
양로원	f	maison de retraite
보호자		proche aidant(e), aidant(e) familial(e)
블루존	f	zone bleue
안락사	f	euthanasie
존엄사	f	mort dans la dignité
고독사	f	mort solitaire/dans la solitude

여성의 권리 Droits des femmes

여성해방	f	émancipation des femmes
여성의 경제활동	f	activité féminine
여성화, 여성의 비율 증가	f	féminisation
남녀평등, 양성평등	f	égalité entre les hommes et les femmes
남녀임금 격차	m	écart des rémunérations entre les hommes et les femmes
여성차별	f	discrimination à l'encontre des femmes
유리천장	m	plafond de verre
출산휴가	m	congé de maternité
여성폭력	f	violence contre les femmes
가정폭력	f	violence conjugale
직장내 폭력	f	violence au travail
언어폭력	f	agression verbale
성폭력	f	agression/violence sexuelle
성희롱	m	harcèlement sexuel
학대	f	maltraitance
매맞는 여성	f	femme battue
근친상간	m	inceste
성매매, 매매춘	f	prostitution
여성할례	f	mutilation sexuelle féminine
강제결혼	m	mariage forcé
강간	m	viol
신고율	m	taux de plainte
위안부	f	femme de réconfort
가임기 여성	f	femme en âge de procréer

피임	f	contraception
선별낙태	m	avortement sélectif
임신중절	f	interruption volontaire de grossesse (IVG)
모계사회	f	société matrilinéaire
부계사회	f	société patrilinéaire
가부장제 사회	f	société patriarcale
친권	f	autorité parentale
영아사망률	f	mortalité infantile
모자 감염	f	transmission de la mère à l'enfant
인권	m.pl	droits de l'homme
인권 침해	f	violation des droits humains
현대판 노예제	m	esclavage moderne
인신매매	f	traite des êtres humains
소아성애	f	pédophilie

교육 Éducation

교육 시스템	m	système scolaire/éducatif
교육기관	f	institution éducative
초등교육	m	enseignement primaire
중등교육	m	enseignement secondaire
고등교육	m	enseignement supérieur
학사	f	licence
석사	m	master

박사	m	doctorat
유치원	f/m	école maternelle, jardin d'enfants
초등학교	f	école primaire
중학교	m	collège
고등학교	m	lycée
대학교	f	université
그랑제콜	f.pl	grandes écoles
정교분리, 세속주의	f	laïcité
사교육	m	système éducatif parallèle
대입시험	m	examen d'entrée à l'université
온라인교육	m	apprentissage en ligne
취학률	m	taux de scolarisation
자퇴율	m	taux de décrochage scolaire
학년도	f	année universitaire
새 학기/학년	f	rentrée scolaire
등록금	m.pl	droits de scolarité, frais d'inscription
교육비	f	dépense d'éducation
문해율	m	taux d'alphabétisation
문맹	m	analphabétisme, illétrisme
의무교육, 보편적 교육	f	éducation universelle/pour tous
학자금 융자/대출	m	prêt étudiant
장학생		boursier(ère)
교육과정	m	cursus
교육수준	m	niveau de formation
영어강의	m	cours dispensé en anglais
학술교류	m.pl	échanges académiques
복수학위	m	double diplôme
학위의 상호인정	f	reconnaissance mutuelle des diplômes

학생 교류	f	mobilité étudiante
전공, 계열	f	discipline, filière
실습, 인턴십	m	stage
전문화교육	f	professionnalisation
(학업실무간) 교대훈련	f	formation en alternance
견습훈련	f	formation par apprentissage
직업교육	f	formation vocationnelle
평생교육	f	formation continue
학위과정	f	formation diplômante
학위 취득	f	obtention d'un diplôme
대학 졸업장	m	diplôme universitaire
학위논문	m/f	mémoire, thèse
(학위 후) 고용가능성	f	employabilité des diplômes
취업	f	insertion professionnelle
동창, 동문회 네트워크	m	réseau des anciens élèves

노동과 임금 Travail et Salaire

경제활동인구	f	population active
생산가능인구	f	population en âge de travailler
직업	m/f	métier, profession
커리어	f	carrière
아르바이트	m	petit boulot
경력단절	f	interruption de carrière

노동법	m	code du travail
유급노동	m	travail rémunéré
자원봉사	m	bénévolat
고용, 채용	f	embauche
해고	m	licenciement
근로조건	f.pl	conditions de travail
수습기간	f	période d'essai
근로계약서	m	contrat de travail
계약직(기간제 고용)	m	contrat à durée déterminée (CDD)
정규직(무기간제 고용)	m	contrat à durée indéterminée (CDI)
계약 갱신	f	reconduction du contrat
파트타임 일자리	m	travail à temps partiel
파견근로, 임시직	m	emploi temporaire/intérimaire
재택근무	m	télétravail
유급휴가	m.pl	congés payés
근무시간	m	horaire de travail
휴식시간	m	temps de repos
주 35시간 노동제	f	semaine de 35 heures
법적 노동시간	f	durée légale du travail
13월의 월급	m	treizième mois
직장생활과 가정생활의 균형, 워라밸	m	équilibre entre vie professionnelle et vie familiale
행정직	m	poste administratif
자유직	f	profession libérale
공무원		fonctionnaire
노동시장	m	marché du travail
고용시장	m	marché de l'emploi
숙련인력	f	main-d'œuvre qualifiée

자동화	f	automatisation, robotisation
고용률	m	taux d'emploi
퇴직연령	m	âge de départ à la retraite, âge de cessation d'activité
자발적 퇴직	m	départ volontaire
조기/명예 퇴직	f	retraite anticipée
사직	f	démission
고용의 불안정성	f	insécurité professionnelle
총수입	m	revenu brut
순수입	m	revenu net
가처분소득	m	revenu disponible
임금	m	salaire
보수, 보상	f	rémunération
(자유직) 사례금, 보수	m.pl	honoraires
상여금, 보너스	f	prime
급여명세서	m	bulletin de paye
(전직종보장) 최저임금	m	salaire minimum interprofessionnel garanti (SMIG)
최저임금	m	salaire minimum interprofessionnel de croissance (SMIC)
최저임금규정	f	réglementation du salaire minimum
최저보장소득	m	revenu minimun garanti
기업주 분담금	f	cotisation patronale
임금 협상	f	négociation salariale
임금 요구	f	revendication salariale
임금 인상	f	hausse des salaires
임금 동결	m	gel du salaire
체불임금	m	arriéré du salaire
초과근무	f	heure supplémentaire

근속년수, 연공서열	f	ancienneté
성과주의	f	méritocratie
소득 격차	m	écart de revenu
고용주, 사용자		employeur(euse)
피고용자		employé(e)
근로자, 임금노동자		salarié(e)
노사	m.pl	partenaires sociaux
노사간 대화, 사회적 대화	m	dialogue social
사용자	m	patronat
노조	m	syndicat
노조가입률	m	taux de syndicalisation
단결권	f	liberté syndicale
단체협상, 단체교섭	f	négociation collective
노사 갈등	m	conflit du travail
합법적 시위	f	grève légale
산업재해	m	accident de travail
직업병	f	maladie professionnelle

보건과 질병 Santé et Maladie

현대의학	f	médecine moderne
대체의학	f	médecine alternative
한의학	f	médecine chinoise
의학의 발달	m	progrès de la médecine

일반의	m	médecin généraliste
전문의	m	médecin spécialiste
종합병원	m	hôpital général
대학병원	m	centre hospitalier universitaire (CHU)
진료	f	consultation
진단	m	diagnostic
예후	m	pronostic
건강검진	m	examen médical
검사, 검진	m	dépistage
치료(법)	m/f	traitement, thérapie
치료에 대한 접근성	m	accès aux soins médicaux
예방적 치료	m	soin préventif
근치적 치료	m	soin curatif
대증적(완화) 치료	m	soin palliatif
의료비	m.pl	frais médicaux
치료비	m	coût de traitement
병인학	f	étiologie
역학	f	épidémiologie
유전병	f	maladie héréditaire
선천적 질환	f	maladie congénitale
전염병	f	maladie contagieuse/transmissible
이환율	m	taux de morbidité
발병/발생률	m	taux d'incidence
유병률	f	prévalence
조기사망	f	mort prématurée
교통사고	m	accident de la route
일시적 장애	f	incapacité temporaire
영구적 장애	f	incapacité permanente

금전적 보상	f	compensation financière
복제약	m	médicament générique
보철	f	prothèse
항생제	m	antibiotique
면역체계	m	système immunitaire
예방접종	f	vaccination, immunisation
필수예방접종	f	vaccination obligatoire
선택예방접종	f	vaccination facultative
디프테리아	f	diphtérie
소아마비	f	poliomyélite
B형 간염	f	hépatite B
결핵	f	tuberculose
폐렴	f	pneumonie
파상풍	m	tétanos
장티푸스	f	typhoïde
말라리아	m	paludisme
홍역	f	rougeole
백일해	f	coqueluche
빈혈	f	anémie
설사	f	diarrhée
실명	f	cécité
대사증후군	m	syndrome métabolique/X
과체중	m/f	surpoids, surcharge pondérale
비만	f	obésité
당뇨병	m	diabète
고혈압	f	hypertension artérielle
심혈관질환	f	maladie cardiovasculaire
뇌혈관질환	f	maladie cérébrovasculaire

뇌졸중	m	accident vasculaire cérébral (AVC)
심근경색	m	infarctus du myocarde
위장관계 장애	m.pl	troubles gastro-intestinaux
호흡기 문제	m	problème respiratoire
신경학적 증상	m	symptôme neurologique
에이즈(후천성면역결핍증)	m	SIDA (syndrome d'immunodéficience acquise)
HIV(인간면역결핍바이러스) 보균자		porteur(euse) du VIH (virus de l'immunodéficience humaine)
에이즈 환자		malade du sida
암 환자		cancéreux(euse)
화학요법	f	chimiothérapie
방사선요법	f	radiothérapie
면역요법	f	immunothérapie
간접흡연	m	tabagisme passif
담배연기	f	fumée de tabac
의존증	f	dépendance
중독	f	addiction
금단현상	m	effet de sevrage
주요 우울증	f	dépression majeure

식량과 기아 Alimentation et Famine

식량	f	denrée alimentaire, nourriture
식품	f	alimentation
가공식품	m	aliment transformé

기능성식품	m	alicament
영양소	m	nutriment
필수아미노산	m	acide aminé essentiel
동물성 단백질	f	protéine animale
식물성 단백질	f	protéine végétale
탄수화물	m	glucide
지방	m/f	lipide, graisse
포화지방산	m	acide gras saturé
당지수	m	indice glicémique
항산화물	m	anti-oxydant
농산품 수확	m	rendement agricole
곡물 생산	f	production céréalière
(식량) 보급	m	ravitaillement
수확량 감소	f	détérioration des récoltes
식량 낭비	m	gaspillage/gâchis alimentaire
식량난	f	crise alimentaire
식량안보	f	sécurité alimentaire
식용곤충	m	insecte comestible
식단	m	régime alimentaire
채식	m	régime végétarien
육식	m	régime carnivore
패스트푸드	m	restauration rapide
정크푸드	f	malbouffe
소고기	f	viande bovine
돼지고기	f	viande porcine
양고기	f	viande ovine
가금류	f	volaille
콩과식물	f	légumineuse

감귤류	m	agrume
갑각류	m	crustacé
해물	m	fruit de mer
기아	f	famine
영양실조	f	malnutrition, sous-nutrition
영양불균형	m	déséquilibre nutritionnel
영양결핍	f	carence nutritionnelle
일일식량 섭취	f	ration de nourriture journalière
열량	f	valeur calorique
근육량	f	masse musculaire
체중 감소	m	amaigrissement
저체중	f	insuffisance pondérale
체질량지수(BMI)	m	indice de masse corporelle (IMC)
에너지 섭취	m	apport énergétique
에너지 소비	f	dépense énergétique
식중독	f	intoxication alimentaire
긴급구호	f	aide d'urgence
대외원조	f	assistance extérieure

사회보장제도 Protection sociale

사회보장, 사회복지	f	protection sociale
사회보장제도	f	sécurité sociale
사회안전망	m	filet de protection sociale

(사회보장제도) 납입금	f	cotisation/charge sociale
(사회보장제도) 급여	f	prestation sociale
가족수당	f	allocation familiale
주택수당	f	allocation logement
실업수당	f	indemnisation/allocation chômage
보험사	m/f	assureur, compagnie d'assurance
피보험자		assuré(e)
보험증권	f	police d'assurance
질병보험	f	assurance-maladie
장애보험	f	assurance-invalidité
고용보험	f	assurance-emploi
생명보험	f	assurance-vie
손해보험	f	assurance tous risques/de dommages
산재보험	f	assurance accident du travail
노령연금	f	assurance vieillesse
재보험	f	réassurance
보험 가입	f	souscription à une assurance
보험계약자	m	souscripteur du contrat
지정수혜자, 수익자		bénéficiaire désigné(e)
보험료	f	prime d'assurance
보험금	f	indemnité d'assurance
할증	f	majoration
할인	f	minoration
부양비율	m	taux de dépendance
국가연금제도	m	régime national de retraite
퇴직연금	f	pension de retraite
연기금	m	fonds de pension
퇴직기금	f	caisse de retraite

납입기간	f	durée de cotisation
기본연금	m	régime de base
보충연금	m	régime complémentaire
유족연금	f	pension de réversion
(세대간) 분배형연금	m	système de répartition
저축형연금	m	système par capitalisation
확정기여형(DC)	m	régime à cotisations définies
확정급여형(DB)	m	régime à prestations définies
복지국가	m	État-providence
소득대체율	m	taux de remplacement du salaire moyen par la pension moyenne
수급액 감소	f	réduction du taux de remboursement
납입보험료 인상	f	augmentation du taux de prélèvement
사회보험의 재원 충당	m	financement de la protection sociale
연금개혁	f	réforme de pension de retraite
가입요건	f	éligibilité
부양가족	f.pl	personnes à charge

빈곤과 포용적 성장 Pauvreté et Croissance inclusive

빈곤	f	pauvreté, misère
빈곤선	m	seuil de pauvreté
빈곤율	m	taux de pauvreté
극빈	f	extrême pauvreté
상대빈곤	f	pauvreté relative

절대빈곤	f	pauvreté absolue
도시빈곤	f	pauvreté urbaine
취약계층	f	couche vulnérable
빈곤 퇴치	f	lutte contre la pauvreté
소득의 양극화	f	bipolarisation des revenus
불안정한 일자리	m	emploi précaire
과다채무	m	surendettement
낙인효과	f	stigmatisation
빈곤의 덫	m	piège de la pauvreté
부자	m.pl	les riches, les nantis, les aisés
가난한 사람	m.pl	les pauvres, les démunis, les défavorisés
중산층	f	classe moyenne
부유층	f	catégorie aisée
서민층	f	catégorie populaire
노숙자		sans domicile fixe (SDF), sans-abri
빈민촌	m	bidonville
서민임대주택	m	logement social
저가임대주택	f	habitation à loyer modéré (HLM)
젠트리피케이션	f	gentrification
주거기본권	m	droit fondamental du logement
위생시설	f	infrastructure sanitaire
전기 공급	f	électrification
위생	f	hygiène
오염된 물	f	eau contaminée
수돗물	f	eau du robinet/courante
식수, 음용수	f	eau potable
하수시설	m	système d'évacuation des eaux usées
보건소	m	centre de soins primaires

사회 부조	f	aide sociale
공적 부조	f	assistance publique
포용적 성장	f	croissance inclusive
배타적 성장	f	croissance exclusive
사회적 포섭	f	inclusion sociale
사회적 배제	f	exclusion sociale
사회적 불평등	f	inégalité sociale
사회적 주변화	f	marginalisation sociale
사회 분열	f	fracture sociale
부의 재분배	f	redistribution de la richesse
사회적 결속력	f	cohésion sociale
사회적 통합	f	intégration/insertion sociale
사회 평등	f	équité sociale
사회 이동	f	mobilité sociale
세대간 결속	f	solidarité entre les générations
금융 포용	f	inclusion financière
금융 소외	f	exclusion financière
소액금융	m	microfinancement, microcrédit
기본소득	m	revenu universel, revenu de base
기본권 존중	m	respect des droits fondamentaux
삶의 질	f	qualité de vie

3
환경

지구와 생태계 Terre et Écosystème

남반구	m	hémisphère sud
북반구	m	hémisphère nord
경도	f	longitude
위도	f	latitude
적도	m	équateur
하지	m	solstice d'été
동지	m	solstice d'hiver
남회귀선	m	tropique du Capricorne
북회귀선	m	tropique du Cancer
열대기후	m	climat tropical
아열대기후	m	climat subtropical
온대기후	m	climat tempéré
냉대, 아한대기후	m	climat subarctique
한대기후	m	climat polaire
해양학	f	océanographie, océanologie
수문학	f	hydrologie

해양자원	f	ressource marine
강수량	f.pl	précipitations
물의 순환	m	cycle hydrologique
증발	f	évaporation
지하수층	f	nappe phréatique
지표수	f	eau de surface
지하수	f	eau souterraine
생태계	m	écosystème
수중생태계	m	écosystème aquatique
동식물(계)	f	la faune et la flore
생태다양성	f	biodiversité
공생	f	symbiose
척추동물	m	vertébré
무척추동물	m	invertébré
고등동물	m.pl	animaux supérieurs
하등동물	m.pl	animaux inférieurs
포유류	m	mammifère
파충류	m	reptile
양서류	m	batracien, amphibien
해양동물	m.pl	animaux marins
조개류	m	coquillage
연체류	m	mollusque
철새	m	oiseau migrateur
플랑크톤	m	plancton
산호초	m	récif corallien
육식동물	m	carnivore
초식동물	m	herbivore
잡식동물	m	omnivore

서식지	m	habitat
습지	f	zone humide
갯벌	m/f	espace/zone littoral(e)
자연보호구역	f	réserve naturelle
고유종	f	espèce endémique
토착종(자생종)	f	espèce indigène
침입종	f	espèce invasive
종의 진화	f	évolution des espèces
멸종	f	extinction
멸종위기종	f	espèce menacée/en voie de disparition
기생충	m	parasite
숙주	m	hôte
곰팡이	m	champignon
미생물	m	micro-organisme
동면	f	hibernation
산란	f	ponte des œufs
수분	f	pollinisation
자연현상	m	phénomène naturel
침식	f	érosion

에너지 Énergie

1차에너지	f	énergie primaire
2차에너지	f	énergie secondaire

최종에너지	f	énergie finale
신재생에너지	f	énergie renouvelable
재생불가능한 에너지	f	énergie non renouvelable
재래식 에너지	f	énergie conventionnelle
대체에너지	f	énergie alternative
청정/녹색에너지	f	énergie propre/verte
운동에너지	f	énergie cinétique
풍력에너지	f	énergie éolienne
수력에너지	f	énergie hydraulique
열에너지	f	énergie thermique
지열에너지	f	énergie géothermique
태양에너지	f	énergie solaire
태양광에너지	f	énergie photovoltaïque
태양열에너지	f	énergie solaire thermique
전기에너지	f	énergie électrique
원자력에너지	f	énergie nucléaire
기계에너지	f	énergie mécanique
조력에너지	f	énergie marémotrice
화석에너지	f	énergie fossile
바이오매스	f	biomasse
바이오연료	m	biocarburant
에너지 (수입) 의존도	f	dépendance énergétique
에너지 자립(도)	f	autosuffisance énergétique
에너지 자원화	f	valorisation énergétique
에너지 효율	f	efficacité énergétique
에너지 등급, 연비	m	rendement énergétique
에너지 믹스	m	bouquet/mix énergétique
에너지 공급	f/m	fourniture/approvisionnement d'énergie

에너지 절약	f.pl	économies d'énergie
단열	f	isolation thermique
방음	f	isolation acoustique
공급 중단	f	rupture d'approvisionnement
세계에너지 소비	f	consommation d'énergie mondiale
에너지 가격	m	prix de l'énergie
에너지원	f	source d'énergie
천연에너지	f	énergie naturelle
연소	f	combustion
원유	m	pétrole brut
가스	m	gaz
석탄	m	charbon
유정	m	puits de pétrole
오일쇼크, 석유파동	m	choc pétrolier
기체상	m	état gazeux
액상	m	état liquide
고체상	m	état solide
기화	f	gazéification
액화	f	liquéfaction
고체화	f	solidification
탄화수소	m	hydrocarbure
액화천연가스(LNG)	m	gaz naturel liquéfié (GNL)
액화석유가스(LPG)	m	gaz de pétrole liquéfié (GPL)
셰일가스	m	gaz de schiste
가스관	m	gazoduc
송유관	m	oléoduc
가스 인수기지	m	terminal gazier
댐	m	barrage

터빈	f	turbine
태양전지판	m	panneau solaire
에너지 저장	m	stockage de l'énergie
유지보수비	m	coût de maintenance
예측가능성	f	prévisibilité
원자력발전소	f	centrale nucléaire
원자로	m	réacteur nucléaire
중수로	m	réacteur à eau lourde
경수로	m	réacteur à eau légère
우라늄 농축	m	enrichissement d'uranium
핵분열	f	fission nucléaire
핵융합	f	fusion nucléaire
원전폐로	m	déclassement nucléaire
폐열 회수	f	récupération de chaleur des déchets
스마트그리드	m	réseau intelligent
발전	f	génération
송전	f	transmission
배전	f	distribution
발전기	m	générateur
차단기	m	interrupteur
열병합발전	f	cogénération
전기요금청구서	f	facture d'électricité
계량기 검침	m	relevé de compteurs
스마트미터	m	compteur communicant
그리드패리티	f	parité réseau
형광등	f	lampe fluorescente
백열등	f	lampe à incandescence
LED 조명	m	éclairage LED

교통 Transports

육상교통	m	transport routier
철도교통	m	transport ferroviaire
항공수송	m	transport aérien
해운, 해상교통	m	transport maritime
교통망	m	réseau de transport
교통수단	m	mode de transport
이동성	f	mobilité
이동	m	déplacement, trajet
출퇴근	m	déplacement domicile-travail
비수기	f	période creuse
성수기	f	période de pointe
점유율	m	taux d'occupation
교통 흐름, 교통량	f	circulation
교통 체증/혼잡	m	embouteillage, bouchon
대중교통	m	transport public/en commun
노선	m	itinéraire
배차 빈도, 배차 간격	f	fréquence
정시성	f	ponctualité
환승	f	correspondance
자동차제조회사	m	constructeur automobile
추진(장치)	f	propulsion
배기관	m	pot d'échappement
촉매변환기	m	pot catalytique
충돌실험(crash test)	m	essai de choc
계기판	m	tableau de bord

속도계	m	tachymètre
주행계	m	odomètre
GPS	m/f	GPS, géolocalisation
네비게이션	m	système de navigation
자동항법장치	m	système de pilotage automatique
인간공학, 인체공학	f	ergonomie
주차	m	stationnement
자가용	f	voiture privée/individuelle
업무용 차량	m	véhicule professionnel
중고차	f	voiture d'occasion
렌터카	f	location de voiture
전륜 구동차	f	voiture à traction avant
후륜 구동차	f	voiture à traction arrière
디젤엔진, 경유차	m	moteur diesel
휘발유엔진, 가솔린차	m	moteur à essence
하이브리드 차량	f	voiture hybride
전기차	f	voiture électrique
수소차	f	voiture à hydrogène
주행거리	f	autonomie
충전소	f	borne de recharge
충전용 배터리	f	batterie rechargeable
무인자동차	f	voiture sans conducteur
자율주행차	m	véhicule autonome
운전면허증	m	permis de conduire
차량등록증	m	certificat d'immatriculation (carte grise)
자동차번호판	f	plaque d'immatriculation
철도	m	chemin de fer
철도 시설/인프라	f	infrastructure ferroviaire

철도차량	m	matériel roulant
신호체계	m	système de signalisation
선로	f	voie ferrée
(노선) 총연장	f	longueur du réseau
차량, 객차	m	wagon
기관차	f	locomotive
저가항공사	f	compagnie aérienne low cost/à bas prix
이륙	m	décollage
착륙	m	atterrissage
난기류, 터뷸런스	f	turbulence
직항	m	vol direct/sans escale
항만시설	f	infrastructure portuaire
물동량	m	trafic conteneur
시설물	m	ouvrage d'art
상선	m	navire de commerce
선주	m	armateur
화주		expéditeur(trice)
환적	m	transbordement

오염공해 Pollution

오염, 공해	f	pollution, nuisance
도시오염	f	pollution urbaine
대기오염	f	pollution atmosphérique/de l'air

수질오염	f	pollution de l'eau
토양오염	f	pollution du sol
방사능오염	f	pollution/contamination radioactive
화학적오염	f	pollution chimique
유기오염	f	pollution organique
만성오염	f	pollution chronique
비점오염	f	pollution diffuse
빛공해	f	pollution lumineuse
소음공해	f	pollution acoustique/sonore
시각공해	f	pollution visuelle
전자파공해	f	pollution électromagnétique
대기의 질	f	qualité atmosphérique/de l'air
미세먼지	f	particule fine, poussière fine
초미세먼지	f	particule ultrafine
황사	m	sable/vent jaune
부유분진	f	poussière fugitive
부유물질	m.pl	solides en suspension
공기청정기, 공기정화기	m	purificateur d'air
경보 발령	m	déclenchement de l'alerte
폐수 방류	m	rejet d'eaux usées
하수도	m	égout
기름 유출	f	marée noire
부영양화	f	eutrophisation
조류(藻類) 확산	f	prolifération d'algues
생물학적 산소요구량(BOD)	f	demande biochimique en oxygène (DBO)
화학적 산소요구량(COD)	f	demande chimique en oxygène (DCO)
침전물	m	sédiment
산화	f	oxydation

오염된 토양	m	sol contaminé
중금속	m.pl	métaux lourds
생분해성	f	biodégradabilité
염도	f	salinité
탁도	f	turbidité
방사능	f	radioactivité
블루라이트, 청광	f	lumière bleue
노출시간	f	durée d'exposition
전자기장	m	champ électromagnétique
전자파	f	onde électrique
주파수 출력	f	fréquence émise
생태계 훼손	f	dégradation de l'écosystème
환경평가	f	évaluation environnementale
잔류성유기오염물질	m.pl	polluants organiques persistants
오염자부담원칙	m	principe de pollueur payeur (PPP)

기후 변화와 온실가스 Changement climatique et Gaz à effet de serre

기후 변화	m	changement climatique
지구온난화	m	réchauffement climatique
대기, 대기권	f	atmosphère
성층권	f	stratosphère
오존층의 구멍	m	trou dans la couche d'ozone
적외선	m	rayonnement infrarouge

자외선	m	rayonnement ultraviolet
굴절	f	réfraction
복사	f	radiation
온실효과	m	effet de serre
온실가스	m	gaz à effet de serre
지구온도 상승	f	augmentation/élévation de la température terrestre
온도 변화	f	variation de température
체감온도	f	température ressentie
계절별 평균기온	f	température moyenne saisonnière
기상예보	f	prévision météorologique
기상학	f	météorologie
기후학	f	climatologie
자연재해	f.pl	catastrophes naturelles
기상이변	m	phénomène climatique extrême
도시열섬	m	îlot de chaleur urbain
폭염	f	canicule
한파	f	vague de froid
가뭄	f	sécheresse
홍수	f	inondation
태풍	m	typhon
사이클론	m	cyclone
허리케인	m	ouragan
해빙	f	fonte des glaces
빙하 후퇴	m	recul des glaciers
해수면 상승	f	élévation du niveau des océans
해양의 산성화	f	acidification des océans
군소도서국가	m.pl	petits États insulaires
산림 벌채	f/m	déforestation, déboisement

사막화	f	désertification
기후난민		réfugié(e) climatique
CO_2 배출	f	émission du CO_2
CO_2 포집	m	captage du CO_2
CO_2 저장	m	stockage du CO_2
탄소발자국	f	empreinte carbone
지중저장	f	séquestration géologique
농도	(m) f	(taux de) concentration
CO_2 최다배출국	m.pl	les pays les plus émetteurs de CO_2
교토의정서 지정 6개 온실가스	m.pl	les 6 gaz à effet de serre de Kyoto
이산화탄소	m	dioxyde de carbone (CO_2)
메탄	m	méthane (CH_4)
아산화질소	m	protoxyde d'azote (N_2O)
수소불화탄소	m	hydrofluorocarbures (HFC)
과불화탄소	m	perfluorocarbures (PFC)
육불화황	m	hexafluorure de soufre (SF_6)

폐기물 Déchets

순환경제	f	économie circulaire
가정쓰레기	m.pl f.pl	déchets des ménages, ordures ménagères
음식물쓰레기	m	déchet alimentaire
산업 폐기물	m	déchet industriel

원자력 폐기물	m	déchet nucléaire
방사성 폐기물	m	déchet radioactif
고형 폐기물	m	déchet solide
액체 폐기물	m	déchet liquide
대형 폐기물	m	déchet volumineux
유기 폐기물	m	rejet organique, déchet vert
오염된 폐기물	m	déchet souillé
부식성 폐기물	m	déchet putrescible
발효성 폐기물	m	déchet fermentescible
최종 폐기물	m	déchet ultime
쓰레기 수거	f	collecte des déchets
쓰레기 분리	m	tri des déchets
쓰레기 종량제	m	système de redevance en fonction du volume de déchets
쓰레기 적치장/하치장	f	déchèterie
위생매립장	m	centre d'enfouissement technique
자원회수시설	m	centre de valorisation
쓰레기 자원화	f	valorisation des déchets
분쇄	m	broyage
매립	f	mise en décharge
소각	f	incinération
분해	f	dégradation, décomposition
메탄화	f	méthanisation
가스 분출	m	dégagement de gaz
가연성	f	inflammabilité
호기성 박테리아	f	bactérie aérobie
혐기성 박테리아	f	bactérie anaérobie
폐수	f.pl	eaux usées

일회용컵	m	gobelet jetable/à usage unique
플라스틱 빨대	f	paille en plastique
반감기	f	demi-vie

유해물질과 GMO Substances nocives et OGM

내분비계 교란물질, 환경호르몬	m	perturbateur endocrinien
휘발성유기화합물(VOC)	m	composé organique volatil (COV)
이산화황(SO_2)	m	dioxyde de soufre
질소산화물(NOx)	m	oxyde d'azote
납	m	plomb
고엽제	m	défoliant, agent orange
석면	m	amiante
라돈	m	radon
난연제	m	retardateur de flamme
생리대 유해물질	f	serviette hygiénique contaminée
가습기 살균제	m	désinfectant pour humidificateur
새집증후군	m	syndrome du bâtiment malsain
탈취제	m	désodorisant
방향제	m	parfum d'intérieur
환경기준	f	norme de sécurité
독성	f	toxicité
유전자변형식품(GMO)	m	organisme génétiquement modifié (OGM)
GMO 금지	f	interdiction des OGM

생명과학	f	science de la vie
바이오테크놀로지(BT)	f	biotechnologie
분자생물학	f	biologie moléculaire
유전공학	m	génie génétique
자연선택	f	sélection naturelle
인위선택	f	sélection artificielle
유전형질	m	patrimoine génétique
유전 변이	f	mutation génétique
유전자 조작	f	manipulation génétique
형질전환	f	transgénèse
형질전환동물	m.pl	animaux transgéniques
교배, 교잡	m/f	croisement, hybridation
염색체	m	chromosome
디옥시리보핵산(DNA)	m	acide désoxyribonucléique (ADN)
리보핵산(RNA)	m	acide ribonucléique (ARN)
핵산	m	acide nucléique
게놈	m	génome
게놈 지도	f	cartographie du génome
인간게놈 프로젝트	m	projet génome humain
줄기세포	f	cellule souche
조직	m	tissu
병원균	m	agent pathogène
바이러스 복제	f	réplication virale
복제	m	clonage
레트로바이러스	m	rétrovirus
시험관	f	fécondation in vitro
생체수정	f	fécondation in vivo
인공수정	f	insémination artificielle

배아 이식	f	transplantation embryonnaire
거부반응	f	réaction de rejet
태아	m	fœtus
배아	m	embryon
종자	f	semence
품종 개량	f	amélioration variétale
황금쌀	m	riz doré
수확량, 수율	m	rendement
영양가	f	qualité/valeur nutritive
효모	f	levure
효소	m/f	enzyme
발현	f	expression
배양	f	culture
합성	f	synthèse
장기, 기관	m	organe
내성유전자	m	gène de résistance
성장호르몬	f	hormone de croissance
항생제 내성	f	résistance aux antibiotiques
치료용 약물(분자)	f	molécule à usage thérapeutique
제약업	f	industrie pharmaceutique
독립연구소	m	laboratoire indépendant
임상 연구/시험	f/m	recherche/essai clinique
독성검사	m	test toxicologique
독성/유해 물질	f	substance toxique
시판 허가	f	autorisation de mise sur le marché
위험평가	f	évaluation des risques
무해성	f	innocuité
사전주의원칙	m	principe de précaution

유기농과 친환경 Agriculture biologique et éco-responsable

농학	f	agronomie
농생물학	f	agrobiologie
재래농업	f	agriculture conventionnelle
유기농업	f	agriculture biologique
자급적 농업	f	agriculture vivrière
산업형 농업	f	agriculture industrielle
조방농업	f	agriculture extensive
집약농업	f	agriculture intensive
도시농업	f	agriculture urbaine
도시농부		fermier(ère) urbain(e)
수직정원	m	jardin vertical
지붕정원	m	jardin de toiture
텃밭	m	jardin potager, maraîchage
농지, 경작지	f	terre agricole/cultivable
척박한 토양	f	terre stérile
비옥한 토양	f	terre fertile
초원	f	prairie
논	f	rizière
목초지	m	pâturage
윤작	f	rotation de culture
파종	m	semis
관개	f	irrigation
빗물, 우수	f	eau de pluie
역삼투압	f	osmose inverse
사육 조건/환경	f	condition d'élevage

동물복지	m	bien-être animal
방목, 방사	m	élevage en plein air
밀집사육	m	élevage en batterie
공장식 집약사육	m	élevage intensif
유기축산	m	élevage biologique
사료	f	alimentation animale
유기물	f	matière organique
무기물	f	matière inorganique
유기농품	m	produit biologique
천연제품	m	produit naturel
유기농 전환	f	conversion bio
유기농 재배지	f	surface conduite en bio
해충	m	insecte ravageur
합성화학물질	m	produit chimique de synthèse
농약	m	intrant chimique, pesticide
살충제	m	insecticide
제초제	m	herbicide
잔류농약	m	résidu de pesticide
생장촉진제	m	activateur de croissance
생장억제제	m	retardateur de croissance
합성비료	m	engrais de synthèse
녹색비료	m	engrais vert
가축분뇨	f	déjection animale d'élevage
퇴비화	m	compostage
거름	m	lisier
인산염무첨가 세제	f	lessive sans phosphate
천연윤활제	m	lubrifiant naturel
식품첨가제	m	additif alimentaire

감미료	m	édulcorant
합성향료	m	arôme chimique de synthèse
발색제	m	colorant
보존료	m	agent conservateur
유화제	m	émulsifiant
유럽공동농업정책	f	politique agricole commune (PAC)
공식인증	m	agrément officiel
(프랑스) 유기농인증라벨	m	label AB (agriculture biologique)
(유럽) 유기농인증로고	m	logo Eurofeuille
인증기관	m	organisme certificateur
시민운동	m	mouvement citoyen
협동조합	f	coopérative
푸드마일리지	m	kilomètre alimentaire
근거리유통	f	distribution de proximité

환경 보호와 국제협약
Protection de l'environnement et Accords internationaux

환경 파괴	f	destruction/dégradation de l'environnement
환경 보호	f	protection/préservation de l'environnement
오염 퇴치	f	lutte contre la pollution
방제, 제염	f	décontamination, dépollution
복원, 복구	f	restauration/réhabilitation
생태다양성 보존	f	conservation de la biodiversité
환경재생	f	régénération

개체군 복원	m/f	repeuplement, recolonisation
국토 정비	m	aménagement du territoire
정수장	f	station d'épuration
인공서식지	m	habitat artificiel
청정/녹색 기술	f	technologie propre/verte
자연정화	f	auto-épuration
자정능력	f	biocapacité
생태발자국	f	empreinte écologique
지구생태용량초과의날	m	jour du dépassement
탈동조화	m	découplage
자원의 희소화	f	raréfaction des ressources
저감전략	f	stratégie d'atténuation
저탄소사회	f	société bas carbone
탈탄소경제	f	économie décarbonée
탄소중립	f	neutralité carbone
청정개발체제(CDM)	m	mécanisme de développement propre
탄소배출권	m	droit d'émission de carbone
배출권거래제(ETS)	m	système communautaire d'échange de quotas d'émissions
생태건축	f	architecture écologique
포지티브 하우스	m	bâtiment à énergie positive (BEPOS)
패시브 하우스	m	bâtiment passif
녹지	m	espace vert
그린벨트	f	ceinture verte
보호구역	f	aire protégée
국립공원	m	parc national
생물권 보전지역	f	réserve de biosphère
녹색성장	f	croissance verte

기후 변화에 대한 유엔 기본협약(UNFCCC)	f	Convention-cadre des Nations unies sur les changements climatiques (CCNUCC)
당사국총회(COP)	f	la Conférence des parties
당사국	m	pays partie
조인국	m	pays signataire
비준	f	ratification
공표	f	promulgation
법제화	f	légifération
리우회의	f	la Conférence de Rio (1992)
교토의정서	m	le protocole de Kyoto (1997)
UN 글로벌 컴팩트	m	le Pacte mondial des Nations unies (2000)
지속가능발전 세계정상회의(WSSD)	m	le Sommet mondial sur le développement durable (SMDD, 2002)
제21차 파리 당사국총회	f	la Conférence de Paris sur le climat, COP 21 (2015)
파리협정	m	l'accord de Paris
기후 변화에 관한 정부간 협의체(IPCC)	m	le Groupe d'experts intergouvernemental sur l'évolution du climat (GIEC)
유엔환경계획(UNEP)	m	le Programme des Nations unies pour l'environnement
새천년개발목표(MDGs)	m.pl	les Objectifs du Millénaire pour le développement (OMD)
지속가능개발목표(SDGs)	m.pl	les Objectifs de développement durable (ODD)
세계문화유산 및 자연유산보호협약	f	la Convention pour la protection du patrimoine mondial, culturel et naturel
멸종위기에 처한 야생동식물의 국제교역에 관한 협약(CITES)	f	la Convention sur le commerce international des espèces de faune et de flore sauvages menacées d'extinction
인간과 생물권계획(MAB)	m	le Programme sur l'Homme et la biosphère
(프랑스) 환경그르넬	m	le Grenelle Environnement (2007)
세계자연기금(WWF)	m	le Fonds mondial pour la nature
녹색기후기금	m	le Fonds vert pour le climat

프랑스어 국제회의 통역노트

펴낸날 1판 1쇄 2019년 3월 29일
지은이 이유희
펴낸이 김헌민
펴낸곳 이화여자대학교출판문화원
주소 서울특별시 서대문구 이화여대길 52 (우03760)
등록 1954년 7월 6일 제9-61호
전화 02) 3277-2965(편집), 362-6076(마케팅)
팩스 02) 312-4312
전자우편 press@ewha.ac.kr
홈페이지 www.ewhapress.com
책임편집 이혜지
찍은곳 (주)현문자현

ISBN 979-11-5890-307-7 13760
값 18,000원

이 도서의 국립중앙도서관 출판예정도서목록(CIP)은 서지정보유통지원시스템 홈페이지(http://seoji.nl.go.kr)와 국가자료공동목록시스템(http://www.nl.go.kr/kolisnet)에서 이용하실 수 있습니다. (CIP제어번호: CIP2019004641)